VOCÊ TEM

8

SEGUNDOS
para mudar

ELIZEU M. GOMES

PSICOLOGY AND SOCIAL STUDIES
BY STRATFORD CARREER INSTITUTE, WASHINGTON D.C

Prefaciado pela Psicóloga Shirley R. P. Hornung

Editor Chefe
José Alencar Lopes Jr.
Design de Capa e diagramação
Messias Freire
Revisão Ortográfica
Sulye Morais

Acesse: www.editorateneo.com e www.livrosdecrecimento.com

Fale com o autor:
Contato: elizeugomes_oxforduniversity@mail.com
Web site: www.elizeugomes.org
Facebook: https://www.facebook.com/ellizeugomes

G612v   Gomes, Elizeu M.
          Você tem 8 segundos para mudar. Lisboa. Teneo
       Publishing House. 2017.

              112p. 14x21 cm.
              ISBN 978-85-54860-01-1
                 1. Práticas e Hábitos 2. Sensação, percepção
       sensorial

          I. Título

                                         CDD 240.012
                                         CDU 159.93

SUMÁRIO

AGRADECIMENTO

Minha gratidão ao pastor Silmar Coelho, que numa tarde de 1986, em conversa com os seminaristas na sede do CEFORTE em Nilópolis, RJ, nos falou sobre como enfrentar problemas sexuais e pessoais com determinação de mudança de foco do errado para o correto e como isto ajudou aquela geração e hoje nos deu estrutura para o ministério.

DEDICATÓRIA

Dedico com muito amor esta obra à minha querida e amada esposa, Linéia Lago Arantes, pelo seu amor, companheirismo e dedicação. Ela me presenteou, com a graça de Deus, com 5 filhos maravilhosos, amores de minha vida.

Ofereço esta obra ao meu querido Tio Antônio Moura, "Tio Toninho". Ele me levou pela primeira vez para conhecer uma grande empresa de propaganda, a MKSOM. Foi lá que eu ouvi em 1984 a frase de um grande comunicador, Miele: "O outdoor precisa de uma frase que diga tudo, porque as pessoas só possuem 8 segundos para ver". Obrigado, tio amado, você é inesquecível.

INTRODUÇÃO

Uma vez, em meus trabalhos de marketing, eu ouvi uma frase de um "expert": "O outdoor precisa ter uma frase que diga tudo, porque as pessoas só têm 8 segundos para visualizá-la".

Eu não perguntei de onde ele tirou isso, no entanto, depois do outdoor pronto eu fiz dois experimentos, passei de carro numa velocidade de 80 km/h e realmente gastei em torno de 5 segundos. Fiz o mesmo percurso a pé e contei 9 segundos ao andar e fixar os olhos na propaganda.

Me interessei sobre o assunto e durante a leitura deste livro vamos trazer esta teoria para o campo cognitivo e também científico, com fontes e opiniões de especialistas.

O fato era que eu levantava às madrugadas para comer e isto me engordava demais.

Naquela época lembrei da teoria dos 8 segundos e parei em frente ao bolo de cenoura, repetindo 8 vezes: "estou satisfeito, não preciso comer mais..." Foi um santo remédio e venci isto em minha vida.

Assim eu decidi levar às pessoas esta dinâmica para ajudá-las em suas dificuldades ou mesmo a conquistar seus objetivos, mas sempre com a parceria e liderança da obra do Espírito Santo...

"Da mesma forma o Espírito nos ajuda em nossa fraqueza, pois não sabemos como orar, mas o próprio Espírito intercede por nós com gemidos inexprimíveis. E aquele que sonda os corações conhece a intenção do Espírito, porque o Espírito intercede pelos santos de acordo com a vontade de Deus". (Romanos 8:26,27).

Eu gostaria que esta obra não fosse classificada de "autoajuda" ou "confissão positiva", creio que rotular um trabalho é no mínimo reduzir todas as possibilidades inerentes ao mesmo.

Parto de uma ideia simples, de uma reordenação interior ligado a um foco determinado para transformar uma situação.

Tanto para desvencilhar de um ato incorreto, como para alcançar um objetivo na vida.

Curitiba, 10 de Novembro 2017.
Elizeu Gomes - autor

PREFÁCIO

"8 Segundos", é uma obra significativa e reflexiva, na qual o autor transcorre sua ideia mesclando seu conhecimento cristão sobre o foco da espiritualidade e comportamento humano, voltado a determinadas situações, bem como os motivos que condicionam ações e todas as possíveis alterações que o meio e as relações podem afetar seu do dia-a-dia.

O significado dos 8 Segundos é descrito pelo autor sendo como uma prática repetitiva sobre determinado assunto, que aparentemente não sabemos como solucionar e ter o domínio desta ação e pela persistência e conversa consigo mesmo levará ao sucesso. Aponta desencadeadores de situações problemas que são os sentimentos.

Nesta obra, o foco da situação e o desenrolar da ação, iniciam pela decisão e determinação, a ideia dos os 8 Segundos é só uma dinâmica que proporciona ganhos de uma pessoa manter sua decisão em benefício às suas atitudes e comportamentos, levando à mudança.

Os 8 Segundos é um convite a perseverança, entrega e superação.

O autor correlaciona texto bíblico demonstrando vários relatos de enfrentamento de crise e a demonstração da perseverança, mencionando que Deus promove o meio para a mudança, e avança para o próximo nível, a transformação. A dinâmica dos 8 Segundos é uma ferramenta de mudança.

O livro ocupa-se em algumas definições da psicologia e reage a demonização da mesma, por entender que nem tudo é só milagre instantâneo, e não destitui a própria psicologia, considerando-a como ferramenta importante no processo.

A teoria dos 8 Segundos se embasa no termo, hábito, e quanto tempo seria o ideal para desenvolver um hábito, 8 Segundos, 21 dias, 2 meses? A ideia destas teorias reforça que as pessoas precisam de atitudes que as movam para um próximo nível, e que a persistência, a entrega a determinação, a resistência em negociar, trará novas perspectivas, o tempo é o "start" para uma atitude. Na verdade, é o despertar para uma decisão, acordar da paralisação.

A proposta mais abrangente desta obra é incentivar a mudança no modo de falar e consequentemente tudo muda, no entendimento surge com a possibilidade de uma modelagem de comportamento.

Qual a sua luta? Que situação quer vencer? Precisa de um médico da alma?

Em uma das abordagens bíblicas, é enfatizado que Jesus não ficou falando a respeito da tempestade do mar, e sim, determinantemente acalmou quando se dirigiu a ela.

Um dos desafios que o leitor será convidado é que, se você tem um problema não fuja dele, resista-o, persista, a decisão está em suas mãos com a ajuda de Deus.

Cabe salientar que a dinâmica dos 8 Segundos, que não são exatamente 8 segundos e sim a ideia aproximada, o autor destaca o compromisso de ter a Deus como o maior sustento.

A perspectiva desta obra é associar os 8 Segundos às fases de mudança de um comportamento gradativo, com auxílio do Espírito Santo em que o autor usa da ilustração da seriedade da mudança de James Proschaska e colaboradores, como também as barreiras enfrentadas descritas pelo executivo Leonardo Siqueira da Frasle S/A, o qual descreve a Curva Emocional, para enfatizar a resistência ao novo para melhor demonstrar o mecanismo da mudança.

O autor faz entender o motivo da dinâmica dos 8 Segundos, aonde ele parte para a iniciativa da transformação, seguida da vontade humana, aliada à vontade divina, para que no final do processo encontre o equilíbrio, e o vencer a si mesmo.

O caso Bob exemplifica a ideia do autor demonstrado através deste relato, um acidente na curva emocional, isto é um impacto da situação, em que desperta a dor, sofrimento, perda, o medo, a qual segue a visão e abordagem cristã do autor num modelo de resultado assertivo e de reflexão.

No livro podemos identificar as áreas que necessitam dos 8 Segundos, como diz o autor "...cada segundo conta quando deixamos de dar atenção ao que mais nos aflige, a " DOR ".

Na dor, este sentimento expansivo, de grande profundidade, dilacerante, irracional, cegante, inexplicável, ocorre o desenvolvimento da distância entre a concentração dos 8 segundos sobre o que nos causa tal dor, a qual vai criar uma resposta íntima aos clamores da alma.

A dor muitas vezes é inevitável, mas sofrer é uma escolha. Decidir não é fácil, porém a saída é ficar sem a dor.

A pretensão neste livro é mostrar o modelo de aplicabilidade dos 8 Segundos em suas vidas, não são os problemas que destroem nossos sonhos, mas o modo pelo qual reagimos a eles. O problema não está na situação e sim na visão.

Na Bíblia diz que para todas as coisas há um propósito, e que ele tenha meio e fim. Mudança é preciso. A ideia dos 8 Segundos é para você resolver no mínimo e desfrutar no máximo.

Temos o Senhor por provedor e sua Palavra, mesmo assim quando as forças da nossa psicologia são menores que uma situação, Deus nos concede o Espírito Santo.

Nunca deixe que sua experiência defina seu sucesso. Comece agora a Dinâmica dos 8 Segundos.

Seja forte, mais que a vontade ou a força que te leva, aguente, pare, pense, ore, resista pelo menos 8 segundos e verá os resultados, quando você faz desta maneira o Espírito Santo vem para te ajudar.

A proposta do Livro 8 Segundos é despertar no leitor uma reflexão para uma mudança e uma transformação pelo Espírito Santo.

Quer mudar? Comece hoje! De continuidade a leitura do livro, se aproprie do conteúdo, redescobrindo através dos meios de soluções um caminho para a mudança. As situações muitas vezes fogem da nossa razão e este livro desperta através da dinâmica dos 8 Segundos um aprendizado de como lidar com o DESAFIO. Dê um passo e reescreva sua história.

Psicóloga Shirley R P Hornung

CAPÍTULO 1

O QUE SIGNIFICAM OS 8 SEGUNDOS

À primeira vista dá uma ideia de "autossugestão", pode até classificar, mas vamos pensar em algo mais simples, entendamos que é uma palavra de decisão, assim como Jó diz:

"Fiz acordo com os meus olhos de não olhar com cobiça para as moças". (Jó 31:1), ou seja, ele decidiu ser fiel à sua esposa, por uma atitude. Jó sabia que era homem, falho, e propenso ao desejo sexual, mas "ele decidiu", "fazer um conserto".

A ideia dos 8 segundos nos convida a uma prática repetitiva sobre um assunto que aparentemente não temos domínio, no entanto, na persistência de "conversar conosco mesmo", conseguimos sucesso.

O problema é que pessoas querem enfeitar demais e ligam este processo à "confissão positiva", "autossugestão", porém tudo que se aproxima do campo da hipnose é delicado e este não é o objetivo aqui.

Nosso objetivo é conduzir o leitor a desenvolver uma simples disciplina sobre situações banais do seu dia-a-dia. Quando o assunto atinge patamares maiores que envolvam patologia, cuidado clínico, ou algo mais profundo, então não é o que se pretende aqui.

Porém, há grandes progressos dentro destas iniciativas. Sempre fui um comprador compulsivo, e vocês já sabem o que é isso, não é? Quando eu já não aguentava mais, chamei minha esposa para me ajudar, ela assumiu minhas finanças e tudo se normalizou, porém, meu desejo de comprar ainda persistia.

Então eu pegava R$ 100,00 (cem reais) e entrava no shopping, nas lojas onde estavam as coisas que eu amava comprar.

Eu entrava na loja passava em frente aos artigos e dizia a mim mesmo: "Não preciso comprar, não necessito disto".

E assim foi por 4 meses, uma vez na semana consecutivamente; me libertei e hoje eu entro e saio sem aquela vontade.

Até hoje eu não sei o que se passava pela cabeça dos vendedores ao me ver assim, porém foi onde, em oração e buscando ajuda do Espírito Santo eu fui curado desta inclinação.

Segundo Romanos 8:26-27 "Ele nos assiste em nossas fraquezas". A ideia do original aqui é um verbo grego que dá a seguinte ideia: "Ele pega do outro lado da mesa e me ajuda a carregar".

Estes 8 segundos é só uma dinâmica para aumentar a possibilidade de alguém manter uma decisão de atitude sobre certos objetivos da vida.

8 Segundos não é mágico, não é superstição, não é uma fórmula que você encontra no 0800 da TV "que vai mudar sua vida".

8 SEGUNDOS É UM CONVITE À PERSEVERANÇA

São vários exemplos de pessoas no mundo em que, não afirmando que usaram a dinâmica dos 8 Segundos, porém suas histórias não podem ser contadas sem estar envolvido algum tipo de perseverança, de entrega e superação.

Há um exemplo, nada ortodoxo, como por exemplo, uma análise do jornalista Jeziel Carvalho, da rádio Senado em Brasília, sobre Elon Musk e o poder da mudança, que é algo tremendo. Veja o seu texto:

A polêmica acompanha a trajetória do empreendedor nascido na África do Sul e que chegou em 1992 na América, ávido por realizar grandes feitos e concretizar seus sonhos mais ousados.

Sua vida tem sido uma montanha-russa de grandes decepções e sucessos estrondosos. Depois de ter sido CEO do PayPal, quase sucumbir à malária e assistir à morte de um filho, Musk trocou o Vale do Silício por Los Angeles.

É o homem por trás da Tesla (que fez um carro elétrico veloz, bonito e desejável), da SolarCity (que pretende ser a maior empresa de painéis solares do planeta) e da SpaceX (a mais bem-sucedida empresa privada aeroespacial que tem por objetivo só colonizar Marte...)

Musk é assim. Visionário para uns, louco para outros, mas que vai sempre pelo tudo ou nada.

Tem investido sua fortuna e energia na missão de criar um futuro digno de ficção científica. Não por acaso, o seu apelido no meio empresarial é Tony Stark. O homem de ferro dos quadrinhos. Ele adora a comparação e segue em frente. Tirando os sonhos da prancheta e cravando seu nome no rol dos "malucos que fazem". E deixando vítimas pelo caminho.[1]

ENTENDENDO O VALOR DA MUDANÇA.

Quando as pessoas entendem o valor da decisão acompanhado da determinação, as mudanças levam às transformações da vida. No capítulo 21 de João, Jesus nos mostra o poder da mudança na vida dos discípulos.

A prisão de Jesus desestruturou o emocional dos discípulos. Inclusive Pedro, que decidiu abandonar o ministério indo pescar, levando consigo os outros discípulos e até Mateus que nem mesmo era pescador e sim Contador.

VALORES DE DEUS LIGADOS À PERSEVERANÇA.

Sete eventos acontecem neste episódio que faz parte do trabalhar de Deus.

Na crise você volta para as origens.

Pedro havia negado Jesus e estava sob pressão... desistiu de tudo e resolveu: "Vou pescar". Ele voltou de onde havia saído, Betsaida (casa de peixe).

Na crise você faz qualquer coisa.

Quando Pedro disse que ia pescar, desestabilizou aos demais que disseram: "Vamos contigo". Até Mateus que era contador, foi pescar.

---

1 - (Elon Musk - a biografia. (Ashlee Vance) Ed. Intrínseca, 2015. 370 págs.) por Jeziel Carvalho.

Na crise descobrimos que já não somos bons naquilo que éramos.

Ao pescar veio a frustração, nenhuns peixes apanharam. Simplesmente porque Deus não nos quer fazendo o que não é para fazer.

Na crise Jesus aparece quando sua solução se esgota.

Eles estavam voltando, tristes e decepcionados. Mas Jesus entra em cena e aparece na praia. Enquanto o problema está contigo você ainda pode resolver.

Na crise a solução está sempre do lado.

Deus sempre providencia que joguemos a rede do nosso lado. A diferença é que uma coisa é lançar onde achamos que tem peixes, e a outra é obedecer aonde Deus uer que lancemos as redes. Os peixes só aparecem quando há obediência.

Na crise o adorador consegue ver Deus.

Ninguém reconheceu Jesus. Apenas João, por quê? Porque Ele era adorador e só adorador consegue enxergar Jesus no meio de uma tragédia.

Quando Jesus entra na crise ele restaura o que foi perdido.

Houve uma multiplicação no começo do ministério, mas Mateus ainda não estava no time, por isso só disse que eram "muitos peixes". Mas agora tinham um contador e ele contou 153 grandes peixes. Coisa linda foi para Mateus voltar a contar.

Na crise Jesus prepara o peixe que você tinha ido buscar. Quando os discípulos chegam Jesus tinha preparado um jantar para eles e com pão também, porque Jesus sempre excede, Ele sempre supera nossas expectativas.

O problema não está no mar e a aparente falta de peixe, Jesus mandou mudar de lado e as redes se encheram, ou seja, você não precisa mudar de barco ou de mar, e sim MUDAR DE FOCO.

Você está atravessando uma crise, Jesus já está assando o seu peixe.

As mudanças que Deus promove nos empurram para o próximo nível. A dinâmica dos 8 Segundos tem sido uma ferramenta no contexto desta mudança.

NOSSA INCLINAÇÃO SERÁ SEMPRE PARA O NEGATIVISMO E PRECISAMOS IDENTIFICÁ-LO E COMBATER.

Não é mistério que Pedro tenha dito em sua epístola que já nascemos numa semente corruptível:

"23 Sendo de novo gerados, não de semente corruptível, mas da incorruptível, pela palavra de Deus, viva, e que permanece para sempre". I Pe. 1:23.

Ou seja, nossa inclinação é para o mal, naturalmente, até que encontramos a Jesus e o Espírito Santo muda esta situação;

Às vezes são sentimentos legítimos, mas se não forem bem administrados trazem consequências terríveis.

Por exemplo, como sentir saudade por direito de amar alguém que a gente perdeu, mas sem ser afetado por ela. Os 8 Segundos valem muito numa situação assim. A resistência de chorar sem se entregar, a firmeza de sentir sem se autocomiserar.

A saudade é comumente classificada de um "sentimento natural humano", no entanto, esta não é toda a verdade, pois dentro de um quadro de projeção cognitiva ela consegue, através de uma ponte emocional absortiva atingir uma psicossomática aguda, posteriormente crônica , com grandes possibilidades de iniciar um processo TAG (transtorno de ansiedade generalizada) com grandes chances de chegar a uma patologia com quadro depressivo. Partindo desta premissa, é um comportamento que deve ser evitado.

PODE PARECER UM SENTIMENTO NATURAL, NO ENTANTO, É UMA SABOTADORA E UMA AGENTE PSICOSSOMÁTICA.

Segundo as informações do R7: "dois anos em São Paulo, o universitário Gabriel sente muita falta da família, que vive no Nordeste. Ele já teve crises de choro em uma festa, no trabalho e até abandonou um estágio para visitar os parentes". - É um sentimento que deixa você abalado, deixa você sem forças, forças psicológicas.

No momento que alguém querido morre, é natural as pessoas viverem um período de luto. Mas se esse sentimento persiste por muito tempo e de uma forma intensa, o sofrimento evolui para a depressão.

De acordo com a psicóloga Olga Tessari, o problema psicológico pode também passar a ser físico. - [A pessoa sente] dores, têm problemas gastrointestinais, muitas vezes ela desenvolve alergias, [apresenta] baixa imunidade, que por consequência traz uma série de infecções ao organismo.[2]

De acordo com o estudo que foi publicado na íntegra na revista "Scientific American". Ficar longe da pessoa amada pode provocar sensações semelhantes a da abstinência de drogas. Este é o resultado de um estudo feito nos Estados Unidos pela psicóloga Lisa Diamond, da Universidade de Utah, que investigou por que casais apaixonados, pais, filhos e amigos com uma ligação muito próxima se sentem mal quando estão separados. (2)

Tanto nas relações românticas adultas como nos relacionamentos entre pais e filhos existe um desejo de cuidar do outro, o que aumenta a resistência à separação

No estudo, a psicóloga separou casais por um período de até uma semana, e percebeu que a maioria dos participantes ficava mais irritado e com dificuldades para dormir, resultado da elevação de cortisol, o hormônio do estresse, no organismo. Além disso, os participantes também relataram um aumento da ansiedade, de um mal-estar generalizado e do desconforto em diversas situações do cotidiano. Segundo a pesquisadora, estes sintomas são parecidos com os de viciados em drogas que estão passando por um processo de desintoxicação, só que em uma proporção menor.

Segundo Lisa Diamond, a "dor" provocada pela saudade também é comum entre pais e filhos, apesar de a estrutura do relacionamento ser diferente do das relações amorosas. "Tanto nas relações românticas adultas como nos relacionamentos entre pais

---

2   -   http://noticias.r7.com/saude/noticias/saudade-em-excesso-pode-causar-doencas-20100727.html

e filhos existe um desejo de cuidar do outro, o que aumenta a resistência à separação", escreve a pesquisadora. Ela nota que sofrer demais, no entanto, não é normal, e que se a saudade começar a atrapalhar o cotidiano, é hora de procurar ajuda profissional. O estudo foi publicado na íntegra na revista "Scientific American". [3]

Cuidado com a armadilha emocional do tipo: "quem não ama não demonstra saudades", e quem disse que "sentir saudade" é a única forma de demonstrar amor? Você concorda?

Outra sabotagem emocional e cognitiva é a afirmação que "é normal do ser humano sentir saudade". Ora, embora entendamos que a saudade é uma variação de recordações ligadas a cousas que nos fizeram bem, no entanto, é uma cilada, pois toda memória de saudade é boa, mas com o passar do tempo o cérebro descobre que é uma imaginação e, portanto, vedado o acesso físico, inicia-se uma reação de insatisfação emocional provocando uma frustração a qual chamamos de tristeza e a melancolia é a secretaria da depressão.

Chegamos à conclusão que a saudade não ajudará no quadro de autoafirmação, com exceção de raros casos onde o paciente de demência cerebral pode apresentar uma melhora considerável, quando o cérebro busca momentos de memória que o faz realizar uma espécie de recuperação de arquivo, porque revive um estado onde o cérebro se realiza, mas não é um quadro seguro e você também não está com demência, está?

Vamos ver algumas maneiras de proteger nosso emocional em relação aos malefícios que a saudade excessiva pode causar.

---

3 - http://m.extra.globo.com/noticias/saude-e-ciencia/saudade-pode-provocar-sintomas-parecidos-aos-da-crise-de-abstinencia-indica-estudo-309900.html

USE OS 8 SEGUNDOS PARA SENTIR, MAS RESISTIR. ESTABELEÇA LIMITES, FIRME NISTO, NÃO ABRA MÃO, VOCÊ CONSEGUE.

Por um tempo...

Evite ouvir "aquelas músicas" que te levam para fossa, te faz chorar de saudades; procure ouvir músicas "pra cima", alegres, vá assistir Mister Bean;

Procure guardar os álbuns antigos, todavia dê um tempo**, não fique vendo fotos e filmes que te remontam aquele passado**. Se você perdeu alguém muito especial, faça o segundo enterro, o do seu emocional. Libera de uma vez;

Quando perceber que a conversa esta te direcionando às nostalgias, **inicie imediatamente outro** assunto antes que o processo nostálgico desligue a chave geral da sua caixa padrão emocional.

Nunca marque ou faça despedidas. Haja como se fosse à esquina e voltasse em 10 minutos. Você precisa enganar o cérebro, porque se ele perceber que é uma despedida, vai acionar o sistema de proteção do limbo e assim ativar mecanismos de prevenção à dor, o problema é que você só está se despedindo e sabe que vai sentir realmente saudades depois, porém, o cérebro não reage assim e você vai sofrer um ataque ameno da célula receptora, causando mal-estar seguida uma disfunção da pressão arterial e outras contraindicações.

Quando vejo nos aeroportos as famílias aos prantos se despedindo, falo comigo mesmo: "estão cavando seus túmulos com pás de lagrimas".

Pode parecer insensível e talvez você não concorde, mas pare de fazer despedidas, fará muito bem a sua saúde deixar a ideia que "daqui a pouco vamos nos ver, só vou ali na esquina, já volto «. Abrace e dê apenas um tchau legal, mas nada de antecipar velórios.

"Recondicione sua vida a esta realidade muitas vezes imutável: A falta de alguém querido". Crie um "ambiente, presente", tipo "você está aqui". Claro que não se aplica a uma pessoa morta ou a um caso passional onde pode se alimentar sentimentos por quem não é de direito. Então, estabeleça um constante contato, use o WhatsApp, Facebook, Instagram, celular, telefone, e-mail, Skype, etc. Que seja tão natural essa presença indireta que a saudade não tenha tempo de te nocautear no ringue das memórias.

Saia para tomar um suco, isso mesmo, vai fazer com que você fique mais aliviado, tirando um pouco da tensão nos ombros. No entanto, é muito importante travar uma luta com o cérebro, não deixe ele te convencer, é uma batalha da mente, não ceda.

Não posso vender ilusão, **se der vontade de chorar**, chore, deságue, chore no chuveiro, num canto, num banheiro, esgote até o finzinho, não guarde. Se você tem alguma mágoa, libere o nó da garganta. A palavra é extravasar!!!! MAS DEPOIS prometa que vai chorar ali e pronto. Uma hora você cansa e para, pronto, acabou.

Gaste um tempo "à toa", vai jogar um esporte, assistir um cinema, ocupe-se. Vá assistir YouTube com vídeos cassetadas e pegadinhas, ria.

Coma chocolate. É comprovado cientificamente o benefício da guloseima quando mulheres, por exemplo, estão em TPM ou em depressão. É claro, moderadamente.

Acorda, "caia na real", viva, seja coerente. Você tem todo direito de sentir falta de uma pessoa, mas não de deixar de viver sua vida por causa dela.

É sua escolha, você tem duas decisões, ficar neste masoquismo envelhecendo precocemente ou viver o hoje, o agora, é claro, não significa ignorar o passado, desrespeitar pessoas e situações tão importantes.

Não se deixe esmagar pela pressão da saudade, você tem o direito de lembrar, mas o dever de tocar a vida. Viva!!!

"Isaías: 40. 31. Mas os que esperam no Senhor renovarão as suas forças; subirão com asas como águias; correrão, e não se cansarão; andarão, e não se fatigarão".

O DESAFIO DE MUDAR.

O que você reconhece que precisa mudar na sua vida? Ou você acha que já tem e sabe tudo?

Se você está achando que não precisa de mudança, está provando que necessita mudar.

Se você mudar, as coisas mudarão a sua volta;

(A) O desafio de mudar seu ambiente!

Esta Jesus sendo glorificado e vívido em seu ambiente de casa, escola e trabalho? Milagres têm acontecido a sua volta? Não? O que está faltando?

Bom, um ambiente para ser mudado, precisa de atitudes nobres e difíceis. Decidir mudar tem sido também tomar algumas atitudes de mudança.

Sempre tenha o seu ambiente com a palavra de Deus, louvores ao SENHOR, busque ter um (a) amigo (a) que te ponha para cima, que seja um canal de bênçãos na sua vida e que contribua com o seu crescimento espiritual.

(B) O desafio de mudar a sua Igreja.

A Igreja deve ser lugar de gente, de povo. Igreja ainda não vai ser o céu (isso porque alguns querem um povo totalmente perfeito aqui na Terra). Igreja tem que ser lugar de feridos, de pecadores, entretanto, de pessoas que querem mudar de vida. O que temos que compreender é que **NINGUEM PODE SER O QUE NUNCA FOI SE NÃO DEIXAR DE SER O QUE TEM SIDO!**

E a igreja, neste caso, precisa ser um agente de transformação. Vamos ajudar uns aos outros, ter paciência uns com os outros, orar uns com os outros e dar a chance de alguém mudar sem criticar, e partilhar o amor de Cristo. Vamos lá, levante-se, mude! A mudança inicia-se no momento em que você decide!!!

USAR OS 8 SEGUNDOS É IR ALÉM DOS SEUS LIMITES.

Você não pode começar a sonhar se não acreditar primeiro em si mesmo. Deus te criou com uma capacidade escondida, sim uma capacidade não revelada, que ainda você não descobriu.

A missão que Deus te confiou foi de encontrar e descobri-la para brilhar a medida que os outros participem do seu ideal. Um ideal sozinho será egoísta, ideal para ser ideal tem que ser compartilhado.

Coloque as suas possibilidades além dos seus limites. Limite suas impossibilidades além de suas medidas.

A pergunta não poder ser: o que vou ser? E sim, o que ainda não fui? Toda vez que você diz que não vai conseguir você está mentindo para a sua própria natureza. Suas impossibilidades começam no momento em que você desiste.

Perder o equilíbrio vai te privar de contemplar a estrada do futuro. Seus temores estão lá, mas nunca peça conselhos para eles.

O pesadelo só acontece na mente de quem não possui sonhos. Você só vai conseguir chegar se não ficar ouvindo as sugestões de perdedores.

Vencer deve ser uma decisão, correr dever ser uma opção e lutar significa acreditar. Tente não dizer assim: "nunca mais".

Se você chegou em 2o. lugar, foi porque o 1o. acreditou mais que você. Depois de tudo ainda você vai se vestir e se enfeitar com as armas do inimigo. Não se preocupe com o que deixou de fazer, se você começar agora, acabou de entrar para o time que não desiste.

CAPÍTULO 2

ENTENDA O PRINCÍPIO DOS 8 SEGUNDOS

Eu preciso gastar mais um tempo com você no entendimento dos 8 Segundos para que possamos iniciar de fato nossas dinâmicas.

"DEMONIZAÇÃO" DA PSICOLOGIA

Embora meu livro não seja um tratado ou uma tese de psicologia, no entanto, há muitas ferramentas aqui, e por isso eu preciso cobrir um assunto em relação à psicologia e o cristianismo.

Há uma linha de pensamento pseudocrístão que "demoniza" a psicologia. Tenho visto "pastores" aos brados gritar: "Que psicologia que nada, é só pôr a mão na cabeça e o mal sai em nome de Jesus". Que o mal sai em nome de Jesus não restam dúvidas, eu mesmo vi milagres acontecerem na minha frente e foi algo extraordinário.

O ORGULHO ESPIRITUAL

Muitos destes que demonizam a psicologia esquecem-se que nem sempre o próprio Jesus operou milagres instantâneos. Há alguns relatos em que Ele não cura imediatamente, e eu quero apenas focar um deles:

O CASO DE SILOÉ

Diz o texto:

"E, passando Jesus, viu um homem cego de nascença. E os seus discípulos lhe perguntaram, dizendo: Rabi, quem pecou, este ou seus pais, para que nascesse cego?

Jesus respondeu: Nem ele pecou nem seus pais; mas foi assim para que se manifestem nele as obras de Deus. Convém que eu faça as obras daquele que me enviou, enquanto é dia; a noite vem, quando ninguém pode trabalhar. Enquanto estou no mundo, sou a luz do mundo.

Tendo dito isto, cuspiu na terra, e com a saliva fez lodo, e untou com o lodo os olhos do cego. E disse-lhe: Vai, lava-te no tanque de Siloé (que significa o Enviado). Foi, pois, e lavou-se, e voltou vendo. (João 9: 1-7).

Veja como encaixa este texto!

E AGORA?

Note que neste especifico milagre Jesus não o fez IMEDIA-TAMENTE, houve um PROCESSO. Ele podia ter feito assim num piscar de olhos, como de outra feita curou cegos apenas com o comando da voz, porém, neste caso não!

E agora: Como fica o "pastor do milagre instantâneo"? Jesus está dizendo nas entrelinhas do seu ato que há situações que se operam por milagre e outras são necessárias algumas atitudes ou processos de cura.

Talvez o mérito aqui seja fé, alguns têm muita fé para o instantâneo de Deus e outros a fé pode ser menor ao ponto de exigir um processo de cura, ou mesmo se o critério não for a fé, entra a soberania de Deus que faz milagre em quem Ele decidir e pronto. Na verdade, o mais interessante é o ponto de que há certas dificuldades que exigem um processo de lavar-se no tanque.

OS 8 SEGUNDOS É UMA FERRAMENTA DE MUDANÇA

Quero até melhorar o sentido:

OS 8 SEGUNDOS É UMA FERRAMENTA DE MUDANÇA, PORÉM JAMAIS DE TRANSFORMAÇÃO.

Só quem tem o poder de transformar o coração das pessoas é Jesus, mediante a sua Palavra e o poder do Espírito Santo.

USAR OS 8 SEGUNDOS É DAR UMA ORDEM À SUA ALMA

Posso afirmar que estamos muito prontos a dar ordens aos outros, sendo que precisávamos dar ordem a nós mesmos. Não temos sido persuasivos conosco mesmos. Se fossemos rígidos com nós mesmos assim como somos com os outros, estaríamos em melhores condições. Os 8 Segundos é uma ferramenta que nos disciplina a ordenar nossos próprios passos e decisões importantes.

Alguns Salmos nos mostram este princípio de "auto ordem".

O SALMISTA CONHECIA O PRINCÍPIO

"Bendizei ao Senhor, todas as suas obras, em todos os lugares do seu domínio; bendize, ó minha alma, ao Senhor". Salmos 103:22

"Bendize, ó minha alma, ao Senhor, e não te esqueças de nenhum de seus benefícios". Salmos 103:2

"Bendize, ó minha alma, ao SENHOR, e tudo o que há em mim bendiga o seu santo nome". Salmos 103:1

"Bendize, ó minha alma, ao SENHOR! SENHOR Deus meu, tu és magnificentíssimo; estás vestido de glória e de majestade". Salmos 104:1

USE O VENTO CONTRÁRIO AO SEU FAVOR

Li esta frase no gabinete do meu amigo Samuel Cirilo: "O vento só é contrário quando não se tem direção". Use-a como a sua imaginação pensar... se porventura você acha que o vento está contrário mesmo, alegre-se, há muita força nele para você usar em seu favor.

Mude apenas a sua direção de pensar, de falar e principalmente de agir, e as coisas mudarão com você. Um amigo conta que seu avô possuía uma fazenda e ele vivia reclamando daquelas terras "porque havia uma lama preta que grudava nas botas, nas patas dos cavalos e quando esquentava doía demais".

Com muita raiva e reclamação ele vendeu a fazenda por um preço de banana, barato: "isto aqui não dá pasto e nem plantação, Deus me livre!!!".

Uma pausa... veja, acho que você já entendeu...era uma terra rica em petróleo e por ele não saber trabalhar com este tipo de vento contrário, hoje vive uma vida na pobreza.

Faz assim, não reclame da "lama preta", do vento contrário, ele pode ser uma riqueza legítima, é só ter uma direção e o vento contrário vai levar suas velas singrando os mares da vitória!

8 SEGUNDOS ENCARANDO O PROBLEMA SEM TER QUE VIVENCIAR TUDO DE NOVO

Você não precisa dar a volta por cima. Na verdade, dar a "volta por cima" significa passar de novo, voltando por cima do mesmo problema, ou seja, rever tudo aquilo que te frustrou e voltar no início dele.

Você tem que experimentar uma virada radical, onde todos

os "achismos" deixarão de existir e Deus iniciará algo totalmente novo em sua vida a partir de suas atitudes de mudança, porque ninguém poderá se tornar no que não é se não abrir mão do que é! Particularmente, estou cansado destes chavões enrustidos em capas de livros de autoajuda, quando na verdade torna-se em uma especulação.

Convido-o a experimentar o que há de mais fascinante na caminhada com Deus, "a mudança".

Creio que a mudança é o real desafio 180° graus, ou seja, a mudança de um ponto ao outro. É mudar 100%, é transformar sua vida incondicionalmente. O que significa 360° graus?

É sair de uma situação e voltar de novo, ao mesmo ponto, pois os 360° é uma circunferência exata e completa. Faça então o seu desafio 180°. Parta de um ponto e vá para outro. Desafio 180°, experimente mudar, você vai sentir a diferença. O SENHOR nos ajude a mudar mesmo!

CAPÍTULO 3

TEORIA DOS 8 SEGUNDOS

Muito tem se falado em desenvolver um hábito. Inclusive existe a teoria dos 21 dias.

A TEORIA DE MALTZ

A Teoria do Hábito em 21 Dias foi introduzida pela primeira vez na década de 1950 por Maxwell Maltz, um cirurgião plástico. Ele descobriu que um paciente que tivesse, por exemplo, feito uma cirurgia no rosto, precisaria de 21 dias para se acostumar a ver a sua nova face.[4]

Segundo a publicação da © 2017 Freeletics GmbH: De acordo com a Teoria de Maltz, um paciente que tivesse uma perna amputada, sentiria um membro fantasma por cerca de 21 dias antes de se acostumar à nova situação.

---

4 - Maltz, Maxwell (1946). Unseen Scar: A New Play. New York: Hart Stenographic Bureau. OCLC 44450040

Ele chegou à conclusão de que "estes, e muitos outros fenômenos comumente observados tendem a mostrar que se exige um mínimo de cerca de 21 dias para uma velha imagem mental ser substituída por uma nova". A notícia se espalhou e logo a citação foi encurtada para: "Leva 21 dias para se formar um novo hábito" ... e a expressão pegou.[5]

A COERÊNCIA

Podemos de fato acreditar nesta teoria? A priori é difícil admitir que após você repetir um hábito 21 vezes nunca mais precise se preocupar em repeti-lo, pois estará definitivamente incorporado aos seus comandos neurais. Seria isto eficaz no sentido de que desenvolvemos anos, e inclusive os mais velhos, e mudar em apenas 21 dias?

Ainda sob a ótica da Freeletics Gmbh, um estudo no European Journal of Social Psychology analisou os hábitos de 96 pessoas por mais de 12 semanas.

Em média, diz-se que um hábito leva cerca de 2 meses para se tornar um comportamento automático – 66 dias para ser mais exato. E para alguns pode levar até oito meses.

ENTÃO QUAL É A PERSPECTIVA EXATA? 8 SEGUNDOS, 21 DIAS OU 2 MESES?

Creio que a ideia em todas estas teorias (com casos confirmados) pendem a dizer que PRECISAMOS DE ATITUDES

---

5 - www.freeletics.com/pt/blog/formacao-habitos-so-leva-21-dias/

QUE NOS MOVAM PARA O PRÓXIMO NÍVEL.[6]

A persistência, a entrega, a determinação, a resistência em negociar princípios, sem dúvida, trará novas perspectivas, e por que não? E quem pode garantir ou não que você de fato, assuma novos hábitos após repetir bastante?

O nosso problema é medir as pessoas a partir do nosso estereótipo e transferir aos outros, nossa preguiça exacerbada em relação à vida e às mudanças necessárias que temos que encarar ao longo dela, este sim é o real problema, entende?

A BÍBLIA TRATA DO ASSUNTO

Se a questão é desenvolver o hábito por um treinamento pessoal de repetição até se tornar parte do costume, temos alguns versos interessantes:

> E que o sonho foi repetido duas vezes a Faraó, é porque esta coisa é determinada por Deus, e Deus se apressa em fazê-la. Gênesis 41:32

> Ouvindo, pois, Samuel todas as palavras do povo, as repetiu aos ouvidos do Senhor. 1 Samuel 8:21

> E, saídos os judeus da sinagoga, os gentios rogaram que no sábado seguinte lhes fossem ditas as mesmas coisas. Atos 13:42

Entendo que, nestes casos, com contextos diferentes, porém, com a mesma perspectiva, há uma alusão à perseverança.

---

6 - www.freeletics.com/pt/blog/formacao-habitos-so-leva-21-dias/

O HÁBITO DESENVOLVIDO

Quando um hábito se desenvolve, torna-se rotina. Eu mesmo deixei a prática de jantar há 8 anos, no entanto, quando viajo e servem a janta, participo mais por ética e educação.

TEMPERAMENTOS

Sempre coloco em voga a questão temperamental, pois depende do tipo de pessoa as reações são as mais diversas, no entanto, independentemente das dificuldades de assimilação de cada um, todos convergimos para o mesmo ideal, melhorar nossas vidas, quer seja espiritual, pessoal, familiar e profissional, todos desejamos melhora e excelência.

DINÂMICA DOS 8 SEGUNDOS

Como já tenho afirmado e agora vamos desenvolver em escala melhor este plano, os 8 Segundos não são mágicos. A questão que nos confronta é saber que alguma coisa deve ser feita quando não nos aceitamos ou nos cercamos de situações indesejáveis.

A seguir eu vou tratar especificamente de circunstâncias mais explícitas a fim de aproveitar melhor a proposta deste livro.

Comprometa-se a entender e praticar, depois efetue duramente. Talvez alguns casos crônicos não obterão resultados rápidos, mas é por isto que você deve repetir até se achar mais perto e seguro de resolver.

Importante é, mesmo diante de uma recaída ou desânimo floral, não desista. Isto até ficou parecendo "autoajuda", né? Mas não é não, é AJUDA DO ALTO!

QUANDO DEUS NÃO FAZ SENTIDO

Paz e Bom dia! Você já se sentiu em um deserto? Ou melhor, já teve a sensação de estar gritando no deserto? Já se colocou no lugar do cego Bartimeu que sabia que "Jesus estava por perto"?

Quantas vezes a gente sabe que Ele "está por perto", pessoas do nosso lado foram abençoadas por Ele, e parece que Ele não está nos ouvindo. Quantas vezes a gente faz o que a bíblia recomenda, seguimos os conselhos dos escritores de livros, dos pregadores, do nosso próprio pastor, mas a coisa não funciona, a coisa não vai, tudo fica dando errado.

Porém, quem disse que o médico do hospital embora acertou na cirurgia de um paciente não o deixa na enfermaria até que se esgotem todas as chances de reversão do quadro clínico? E o próprio estabelecimento do paciente?

Na verdade, a cirurgia já foi um sucesso, agora é só uma questão de tratamento. Assim, da próxima vez em que sentir que "Deus não faz sentido", pense que Ele já operou e o que você está enfrentando é uma questão de enfermaria... persista, a dificuldade é momentânea, logo passa.

USAR OS 8 SEGUNDOS PARA DESENVOLVER NOVA DISCIPLINA É UM EXERCÍCIO DE FÉ

Nas Olimpíadas de Inverno, que aconteceram em 2010 no Canadá, a sensação foram as atletas, Mao Asada do Japão e a Coreana Yokim, ambas fizeram a audiência crescer bastante, e a modalidade delas foi a patinação no gelo.

Ao assistir cada passo, cada movimento, o sincronismo, os saltos mortais, a precisão da dança, o giro, etc., percebemos que uma atleta de tão alto talento deve ter uma disciplina profunda. É verdade, estima-se que para cada um desses atletas, gastam-se cerca e 5 horas/dia no treinamento.

Eles praticam 4 anos, todos os dias praticamente, para apresentarem-se apenas, em média, 8 minutos e mesmo assim erram e perdem suas medalhas. O que seria da apresentação deles se não houvesse este exercício e treinamento?

Da mesma forma na Academia da Fé, a gente enfrenta lutas diárias, exercícios de perdão, alongamento de amor, flexão de humilhação, caminhada da esperança, natação nas promessas, e como elas, enfrentam, de vez em quando, "uma fria" tipo na pista de gelo.

Se não passarmos por estas situações, como será nossa vitória? E nosso preparo diante do desafio? E nossa musculatura para enfrentar os ataques do inferno e da vida. Então, não reclame, trabalhe.

Não questione, treine. Não desista, vença. Quando a sua luta passar, e todo o treino indesejado terminar, você sairá mais preparado para outras situações e o melhor, descobrirá que valeu a pena.

Ainda assim, você tem grandes chances de se tornar um treinador (coach) de um outro atleta que está sofrendo na academia da fé. Lembre-se, só chegou ao podium quem não desistiu da jornada.

A PRÁTICA DOS 8 SEGUNDOS SEM ABRIR MÃO, MUDA MEU MODO DE FALAR E CONSEQUENTEMENTE MUDA TUDO

Um empresário viu um cego com uma placa escrita: "Me dê uma esmola pelo amor de Deus...", ao que o empresário deu sua contribuição e curioso perguntou ao cego:

"quanto você arrecada por dia?", o cego pesarosamente disse: "uns 20 ou 30 reais apenas".

O empresário ficou assustado e pediu se poderia ajudá-lo a ganhar mais. "Sim", foi a resposta do cego, "qualquer ajuda será bem-vinda".

O empresário então pegou uma cartolina e escreveu uma frase, deixou-a ao lado do cego e foi-se embora. No outro dia, o cego estava feliz e empolgado, quando o empresário se identificou, logo o cego fez uma pergunta:

"Mas o que foi que o sr. escreveu aí, eu já fiz hoje mais de 300 reais!", O empresário disse, eu coloquei uma frase que mexeu com o sentimento das pessoas e elas se tornaram cúmplices de sua cegueira. "mas me diga logo o que o sr. escreveu ai, homem!", falou euforicamente o cego - "bom" - disse o empresário, "escrevi a seguinte frase: Oi, hoje mais uma vez eu não verei a luz do dia"...

CAPÍTULO 4

QUAL TOURO QUER DERRUBAR VOCÊ EM 8 SEGUNDOS?

A Festa de Rodeio é conhecida mundialmente. Nasceu nos EUA ainda no século XIX sob influência do costume espanhol de lidar e correr atrás de um touro.

Com o passar do tempo a festa foi ganhando outras modalidades como outros nomes também. No Brasil, por exemplo, existe o Rodeio e a Vaquejada.

Todas as formas envolvem um homem usando um cavalo ou um touro para laçar um garrote ou um touro bravo, como é o caso do Rodeio de Peões Boiadeiros.

Atualmente há muita discussão por parte dos defensores de animais e por este motivo a festa já foi proibida em muitos lugares. O rodeio em touros no Brasil surgiu na cidade de Paulo de Faria, SP, por volta de 1962.

Na modalidade de Rodeios, ganha o peão que montar um touro bravo e permanecer 8 segundos, não existe um autor ou idealizador do tempo de "8 segundos", isto foi um costume que ao longo do tempo foi se notando que a capacidade média dos vaqueiros era aproximada numa contagem de 8 segundos.

Este tempo foi aceito por consenso e hoje em dia existem sites, novelas, filmes que usam a terminologia "8 segundos" referindo-se ao tempo máximo que uma pessoa aguenta em cima de um touro bravo.

VOCÊ ESTÁ NO "RODEIO DA VIDA"

A Bíblia menciona a figura de um touro como luta, oposições e perigo:

"Muitos touros me cercaram; fortes touros de Basã me rodearam". Salmos 22:12.

Muitas vezes somos "jogados" para montar em um touro em que o seu desejo é nos ver caído no chão e ainda assim pisotear até a morte.

São situações que queremos segurar o máximo possível e a mesma nos arremessa de um lado para o outro desafiando a nossa paz, enfrentando a nossa fé e neste sentido o touro bravo, satanás, está furioso para nos ver ao chão, prostrados.

Os cowboys possuem uma resistência e um preparo físico tanto quanto os jogadores de outras modalidades esportivas.

Alguns deles saem do rodeio e vão para o médico fisioterapeuta dado a densidade do esforço desprendido na luta com o touro.

Quantas vezes você sai de uma luta ferido, machucado, "precisando de um médico de alma"? Somos levados a montar em touros praticamente todos os dias de nossas vidas. O pior é saber que às vezes, nem mesmo temos 8 segundos.

SIM, ÀS VEZES TEMOS POUCO TEMPO

O suicídio tem crescido assustadoramente em nossos dias e quando as pessoas se suicidam, elas usam menos de 8 segundos para tirar a própria vida. Em um caso destes, contar até 8 é uma eternidade.

Um bandido que aperta o gatilho do revolver, o assassino que desfecha um golpe de faca em outro ser humano, eles não precisam de 8 segundo, às vezes 2 ou 3 segundos no máximo.

Mas para vencer as dificuldades é necessário um pouco mais. É no próximo segundo que a benção acontece. Há pessoas que param bem na hora de receber.

A bíblia não ignora o pouco tempo:

> "Porque ainda um pouquinho de tempo, E o que há de vir
> virá, e não tardará". Hebreus 10:37

Tenho para mim que nossas resistências são confrontadas dia a pós dia, fato após fato. Creio também ser uma tarefa diária no ato da situação, poder ficar seguro do que acreditamos e vivenciar as promessas de Deus em nossas vidas.

E QUANDO NÃO TEMOS ESCOLHA, O QUE FAZER?

Nestas alturas você deve estar pensando que é muito fácil para mim como autor, sentar e escrever estas linhas românticas a respeito das situações da vida... quem sabe nem mesmo tem um histórico de "8 segundos em cima de um touro bravo".

Se por acaso, o leitor assim imaginar, garanto que está redondamente errado. Minha vida tem sido cercada de touros bravos, e vou confessar enquanto minha alma resiste 8 segundos para não me chatear com as memórias, em muitos destes touros eu caí no chão, fui pisoteado e arrastado, muitas vezes sem ter o amigo que distraísse o touro enquanto outro amigo me pagasse no chão.

O pior da vida é quando sabemos que estamos em cima de um touro bravo, não teremos os sonhados 8 segundos, seremos arremessados ao chão e teremos que correr ferido sob forte ameaça!

NÃO PONHA SEU FOCO NO TOURO E SIM NA CONTAGEM DOS 8 SEGUNDOS

De acordo com o testemunho dos cowboys, eles ignoram a força do touro, a rapidez dos seus golpes, o giro da fúria e contam o tempo todo para atingir os 8 segundos.

A lição que tiramos disto é que:

OS 8 SEGUNDOS ESTÃO LIGADOS AO EQUILÍBRIO

É uma orquestração quando o cowboy usa a força da fúria, o poder da inércia, a mentalização dos segundos, para extrair o equilíbrio na situação.

Até me faz lembrar um verso, onde Deus transmite uma responsabilidade de resistir e é claro, depois da prova da nossa resistência Ele entra com o livramento.

O texto assim diz: Aquele, pois, que cuida estar em pé, olhe não caia. 1 Coríntios 10:12

ACHO QUE TALVEZ VOCÊ AINDA NÃO ME ENTENDEU

Você já assistiu a um rodeio ao vivo? Ou mesmo pela televisão?

Aqueles touros não estão brincando, se o cowboy não cuidar eles não pensarão duas vezes para te derrubar.

O PECADO É SELVAGEM, NÃO BRINQUE COM ESTE TOURO

Há tipos de pecados em nossas vidas que são tão piores ou mais densos que a fúria mortal de um touro bravo.

Você precisa tratar com a mesma veemência com que o pecado te trata. Nunca vi um cowboy subestimar a força e o perigo de um touro.

Estou usando a metáfora do rodeio, entretanto, não faço apologia a esta prática, pois o animal sofre muito, mas as lições são tremendas.

VOCÊ TEM 8 SEGUNDOS PARA FALAR COM A SITUAÇÃO

Há pessoas que vivem falando da situação, mas o que precisam mesmo é falar com ela.

Jesus não ficou falando da tempestade do mar, ele simplesmente acalmou quando se dirigiu a ela:

> E ele, despertando, repreendeu o vento, e disse ao mar: Cala-te, aquieta-te. E o vento se aquietou, e houve grande bonança. Marcos 4:39

> E, chegando-se a ele, o despertaram, dizendo: Mestre, Mestre, perecemos. E ele, levantando-se, repreendeu o vento e a fúria da água; e cessaram, e fez-se bonança. Lucas 8:24

Jesus poderia muito bem sentar com os discípulos, enquanto o barco virava e dizer: "Meus filhos, que coisa, não é mesmo"? Olha a força deste vento: E aquela onda que quase nos jogou no mar?

JESUS NUNCA GASTOU SEUS 8 SEGUNDOS PARA CONVERSAR COM O PROBLEMA

Jesus era agressivo quando a questão era ameaça. Ele nunca tratou do problema com carinho.

A presença de um demônio, uma morte que lhe apresentasse, um paralítico, cego, coxo, manco, surdo, mudo, alma angustiada, ele se apressava e falava contra a situação ordenando cura, graça, livramento.

Nunca mais fale do problema, fale com ele! Repreenda-o, resista-o, persista, use 8 segundos até a força aumentar através do Espírito Santo e Sua presença gloriosa.

Está em Deus o poder de romper com as correntes do pecado e das situações, mas está em você fechar a parceria e reagir, enfrentar, confrontar!

DEPOIS DISTO TUDO, A DECISÃO AINDA CONTINUA SENDO SUA

Nosso dia-a-dia é feito de soma de atitudes e gastos de energias, calorias e outras "ias". Quando acordamos pela manhã as situações estão nos esperando, às vezes na mensagem do celular, por um empregado, através do médico, do mecânico, do chefe, etc.

As circunstâncias não nos deixam por um minuto. O problema é quando são difíceis, aí o dia fica muito chato mesmo. O que não podemos, é gastar as energias, calorias e outras "ias" em situações que não valem a pena, e ainda lembrando que aquilo que você gastou desnecessariamente agora, vai fazer falta quando realmente precisar.

Assim, desenvolva a técnica do "que diferença vai fazer?". Vale a pena estressar-se com uma coisa que não faz sentido? Vai edificar? Vai dar resultado? Vai cooperar para o alimento da sua nobre visão de vida? Então! ESCOLHA!!!

Escolha não se aborrecer, afinal o sentimento é seu e não dos outros. Por que alguém tem que chegar e estragar o seu dia? Não! Escolha que nada e ninguém vão estragar o seu dia! Escolha sorrir, brincar, cantar, viver e gastar-se no que for preciso mesmo... não se estresse hoje! Faz o seguinte, vai tomar um sorvete naquela hora que a coisa esquentar, você vai se sentir melhor. Com carinho, decida pelo equilíbrio, vai ser preciso!

8 SEGUNDOS DE DECISÃO FUNCIONAM COMO UM CHÁ

Quando você deseja tomar um chá, deve colocar um saquinho com o sabor dentro de uma xícara com água fervendo, só assim a essência do chá pode ser extraída do frasco e você saboreará a delícia de um chá.

A lição maior é que o sabor só poderá ser sentido pelo seu paladar quando em contato com a água fervendo, liberar sua essência. Assim, aprendemos com esta lição que, daremos o sabor que temos quando a "situação ferver" ao nosso redor. Quando a "água da vida esquentar", o que você dará? Cada um só pode dar o que tem... pense nisto! O que você liberou no trânsito hoje quando aquele mau motorista te fechou?

O que você deu de sabor quando seu cônjuge anunciou mais uma dívida para pagar? Qual o sabor que você tem dado diante de uma pressão... hum... bom... fica aí recado com amor...Veja da mesma forma quem tem amor, fé e esperança, no momento da "quentura" vai ter fé, amor e esperança... vai um chazinho aí?

CAPÍTULO 5

ASSOCIE OS 8 SEGUNDOS ÀS FASES DE MUDANÇA

A ideia não é sair por aí mandando todo mundo entrar na onda dos 8 Segundos. Seria no mínimo infantilidade de minha parte tratar deste assunto com algo mais midiático que com seriedade.

Estou sugestionando uma mudança através de um novo comportamento gradativo com o auxílio do Espírito Santo.

SERIEDADE DA MUDANÇA

De acordo com o pessoal da Transitorial Portugal, em 1977 James Proschaska e colaboradores começaram a desenvolver o modelo transteórico de mudança de comportamentos, que descreve o processo de mudança ao longo de várias etapas. Atualmente o modelo define cinco fases de mudança:

Pré-contemplação:

A pessoa não tem a intenção de mudar e pode nem ter consciência do problema associado ao comportamento;

Contemplação:

A pessoa reconhece o problema e começa a pensar nos prós e contras;

Preparação:

A pessoa quer mudar no futuro próximo, e começa a dar pequenos passos em direção a uma mudança de comportamento;

Ação:

A pessoa está a fazer mudanças evidentes e concretas no seu comportamento ou a iniciar novos comportamentos saudáveis;

Manutenção:

A pessoa mantém os novos comportamentos de forma sustentada e está a trabalhar para prevenir a recaída.

Ainda de acordo com o Transitorial Portugal, existem

PROCESSOS DE MUDANÇA

Estratégias a usar nas várias fases da mudança para apoiar o indivíduo a avançar ao longo do

Processo:

- Consciencialização

- Sentir os riscos e inspiração pelos ganhos

- O novo comportamento faz parte do que sou e do que quero ser - O comportamento atual afeta negativamente os outros e a sua alteração é benéfica

- Compreender que a sociedade apoia mais os comportamentos saudáveis

- Acreditar na capacidade de mudar e assumir compromissos para a ação

- Encontrar as pessoas que nos podem apoiar na mudança- Abandonar os hábitos não saudáveis e iniciar outros por substitutos saudáveis

- Aumentar as recompensas do comportamento positivo e reduzir as que vêm do negativo

- Usar lembretes e dicas que apoiam o comportamento positivo em troca dos que incentivam o negativo.[7]

INVESTIR NA FASE DE MUDANÇA

É preciso entender que, se REALMENTE há um desejo de mudar, deve-se investir nas iniciativas desta proposta transformacional. Aproveitando o adágio popular enfatizo o que diz: "o pior cego é o que não quer enxergar", primeiro passo é ADMITIR que necessita de mudança.

Um dos maiores problemas que enfrentamos é a arrogância que cega as pessoas de admitir as reais mudanças.

---

7 - http://transicaoportugal.net/.../2014/10/Fases-da-Mudan%C3%A7... -consultado em 06/11/17 as 13:28

O PODER DA NET ATÉ NA DESCONSTRUÇÃO DA MUDANÇA

Nos dias de hoje as pessoas sentam-se atrás de um PC ou celular, abrem uma conta no Facebook e tornam-se analistas de assuntos diversos e se existe alguma possibilidade da pessoa não reverter seu quadro de desiquilíbrio ou dificuldade, será, talvez impossível de haver algum sucesso.

A sociedade anda mais arrogante que flexível. Atualmente a questão de ser humilhado por uma dor possuiu um dos maiores índices de probabilidades.

Uma era em que crianças de 8 anos conseguem manusear um celular ou um joystick de PS4 ou Xbox (Deus sabe o que vai vir no próximo mês), as tendências de bloqueio ficam mais exatas e dificultam uma comunhão mais íntima com Deus e o pior, consigo mesmos, onde a cada dia estas pessoas se distanciam umas das outras pelo poder do ímã eletrônico.

É PRECISO QUE AS MUDANÇAS TENHAM SEU ES-PAÇO DENTRO DAS «DESCULPAS ATUAIS

Se não houver lugar para mudanças as mesmas nunca se manifestarão. As pessoas parecem que só param quando ouvem a frase: "Não adianta mais, a casa caiu..."

O que me assusta é a paranoia em que a sociedade vive nos dias de hoje, a falta de sensibilidade e a corrida para se dar bem não importando quem eu pise na jornada. Onde isso vai parar?

Parece-me que só no "shock" as pessoas param definitivamente, somente um raio para cortar o encanto. Será que foi por isso que Leon C. Megginson disse: "Não é o mais forte que sobrevive, nem o mais inteligente, mas o que melhor se adapta às mudanças".[8]

A CURVA EMOCIONAL, UMA SÉRIA BARREIRA

A resposta negativa a uma mudança se intensifica mais quando existe uma carência interior, no entanto o estado da alma é plano. Ou seja, não existe uma inclinação natural a mudar. E o pior é que tem pessoas que gostam de estar sob uma carência, parece incrível, porém é a triste verdade.

Somos vítimas e ao mesmo tempo reféns da máxima popular: "Não tem como mudar, sempre foi assim".

Resistir ao novo não é novo, é coisa velha. É claro que as pessoas alimentam o medo e já foi dito por alguém no passado: "O desconhecido me assusta". Vencer esta etapa, ou como eu chamo, barreira possibilita as vias de fato de uma iniciativa diferente.

OS 7 PONTOS DE LEONARDO

Na visão do desespero, os discípulos navegavam escapando da tempestade. Na visão da fé, eles estavam remando para encontrar o Mestre sobre as águas...então o que você está passando é uma questão de perspectiva... Tempestade é inevitável, Atitude para transformá-la em milagre é uma opção. Pense... você não está correndo da tormenta, está indo para os braços do Mestre. Mude sua perspectiva.

8 - ww.pensador.com/frases_sobre_mudancas/

Leonardo Siqueira Borges é executivo da Fras-le S/A, e desenvolveu 7 pontos importantes sobre a Curva Emocional.[9]

1 - Imobilização:

É a fase inicial, o emocional ainda está estável, é aqui que se define como responderemos a mudança, e de que maneira passaremos para as próximas fases, é o momento que recebemos a notícia que impulsiona nosso cérebro de como devemos proceder nas próximas fases. Nessa fase também percebemos a energia se tornando passiva, pois ficamos sem reação diante de uma situação que não conhecemos, que não faz parte de nossa rotina e fica fora da nossa zona de conforto.

2 - Negação:

Nessa fase a primeira ação é a negação, ou seja, dificuldade de aceitar o fato e nos bloqueamos, temos a esperança que tudo vai ficar do jeito que era antes, tenta-se desviar do assunto, fugindo da realidade e esperando que passe rápido e nada mude, sempre negando que vai dar certo essa mudança.

3 - Raiva:

É nesse momento que se tenta recuperar o controle da situação, mas da pior maneira possível, pois não se mede as consequências nem as atitudes, muitas vezes sem perceber o descontrole nas próprias ações, e dessa forma, mesmo alterado, que se percebe e reconhece a realidade que está acontecendo.

---

9 - Leonardo é Coordenador de Sistemas da Qualidade na Fras-le S.A, formado em Administração de Empresas, instrutor e palestrante de treinamentos relacionados à Qualidade e Estratégia. Presidente do Comitê da Serra Gaúcha e diretor de Desenvolvimento e Competitividade Câmara de Indústria, Comércio e Serviços de Caxias do Sul (CIC) (2008 a 2011). Avaliador do PGQP (2002/2003), Examinador PQRS - Nível III (2004 a 2006), Juiz Relator do PQRS (2007 a 2011).

4 - Barganha:

É o momento que volta o controle e a energia começa a baixar, tenta-se minimizar o efeito e procura-se negociar alguma coisa, tanto com os outros ou conosco mesmo. Em alguns casos a barganha passa até por mentir para tentar deixar tudo como está.

5 - Depressão:

Quando não tem mais o que se negociar, que por mais que as tentativas tenham sido frustradas, a energia está esgotada e não tem mais forças para reagir, coloca-se a culpa nos outros por não ter dado certo, a pessoa fica frustrada e com expressão de perdedor.

6 - Teste:

Imagine nessa fase o início da aceitação da mudança, depois de passar pela negação, raiva, frustração depressão, é a hora de iniciar novamente de maneira positiva. É o momento da adaptação e deixa-se de lado a resistência a testar as novas alternativas e conformar-se com a situação.

7 - Aceitação:

A fase da aceitação é a última, o perceber o novo, olhar para trás e ver a curva do aprendizado e todas as fases da mudança, aceitar essa nova fase e a internalização é positiva.

Um recente estudo publicado pela Harvard Business Review mostra que 70% dos esforços de transformação organizacional falham, a que a principal razão para estas frustrações reside em um tema: negação e resistência à mudança. Pense nisso e veja se você já passou por alguma situação dessas.

VENCENDO A CURVA EMOCIONAL E CONSTRUINDO A CULTURA DOS 8 SEGUNDOS

Vencidas estas etapas, entendendo o real motivo da dinâmica dos 8 Segundos posso continuar para a segunda arte onde vou desenvolver a iniciativa de transformação, como sempre menciono, partindo de uma vontade humana, aliada à vontade divina, para que no final você possa vencer a si mesmo, viver intensamente os mandamentos de aos gálatas:

> "Digo, porém: Andai em Espírito, e não cumprireis a concupiscência da carne. Porque a carne cobiça contra o Espírito, e o Espírito contra a carne". "Mas o fruto do Espírito é: amor, gozo, paz, longanimidade, benignidade, bondade, fé, mansidão, temperança.

> Contra estas coisas não há lei. E os que são de Cristo crucificaram a carne com as suas paixões e concupiscências"; Gálatas 5:16-24

SABENDO LIDAR COM OS PRINCÍPIOS DE DEUS

Deus permitiu que Satanás tocasse em tudo menos na vida de Jó. Por que o diabo não tocou na mulher de Jó? Satanás tocou nos filhos, nas fazendas, nos animais, nos empregados e destruiu tudo, só sobrou Jó e a sua mulher.

Por que o diabo não tocou na mulher? Porque o diabo conhece os princípios. Deus tinha dito em Gênesis; "será o homem e mulher uma só carne"..., portanto, tocando na mulher de Jó estaria tocando a Vida de Jó. Quem tocar em nossa mulher é como tocar essa nossa vida, é provocar a ira de Deus. Profundo isso! Leia de novo e reflita.

CAPÍTULO 6

EXEMPLOS BÍBLICOS DE 8 SEGUNDOS

Não exatamente 8 segundos, porém, temos uma ideia aproximada. O que quero destacar é que, quando decidimos partir para vencer e temos Deus como maior sustento, precisamos de pouco tempo, segundos.

ABRAÃO TEVE SEGUNDOS PARA SEGURAR O CUTELO CONTRA ISAQUE

Quanto tempo você acha que o anjo teve para impedir Abraão entre o levantar do cutelo e o desfecho do golpe que acertaria Isaque? Pensa aí, já tentou medir? Quantas horas? Não seria segundos?

"E chegaram ao lugar que Deus lhe dissera, e edificou Abraão ali um altar e pôs em ordem a lenha, e amarrou a

Isaque seu filho, e deitou-o sobre o altar em cima da lenha. E estendeu Abraão a sua mão, e tomou o cutelo para imolar o seu filho;

Mas o anjo do Senhor lhe bradou desde os céus, e disse: Abraão, Abraão! E ele disse: Eis-me aqui.

Então disse: Não estendas a tua mão sobre o moço, e não lhe faças nada; porquanto agora sei que temes a Deus, e não me negaste o teu filho, o teu único filho". Gênesis 22:9-12

DAVI E OS 8 SEGUNDOS PARA ARREMESSAR A PEDRA

Como eu tenho dito, é uma estimativa, não posso precisar 8 segundos, porém, faça o teste você mesmo, comece olhando o alvo, depois escolha a pedra, ajeite na funda e lance, bom, se não for uns 8 segundos estamos perto da marca.

O EPISÓDIO ESTÁ AQUI

"E tomou o seu cajado na mão, e escolheu para si cinco seixos do ribeiro, e pô-los no alforje de pastor, que trazia, a saber, no surrão, e lançou mão da sua funda; e foi aproximando-se do filisteu.

O filisteu também vinha se aproximando de Davi; e o que lhe levava o escudo ia adiante dele.

E, olhando o filisteu, e vendo a Davi, o desprezou, porquanto era moço, ruivo, e de gentil aspecto.

Disse, pois, o filisteu a Davi: Sou eu algum cão, para tu vires a mim com paus? E o filisteu pelos seus deuses amaldiçoou a Davi.

Disse mais o filisteu a Davi: Vem a mim, e darei a tua carne às aves do céu e às bestas do campo.

Davi, porém, disse ao filisteu: Tu vens a mim com espada, e com lança, e com escudo; porém eu venho a ti em nome do Senhor dos Exércitos, o Deus dos exércitos de Israel, a quem tens afrontado.

Hoje mesmo o Senhor te entregará na minha mão, e ferir-te--ei, e tirar-te-ei a cabeça, e os corpos do arraial dos filisteus darei hoje mesmo às aves do céu e às feras da terra; e toda a terra saberá que há Deus em Israel;

E saberá toda esta congregação que o Senhor salva, não com espada, nem com lança; porque do Senhor é a guerra, e ele vos entregará na nossa mão.

E sucedeu que, levantando-se o filisteu, e indo encontrar-se com Davi, apressou-se Davi, e correu ao combate, a encontrar-se com o filisteu.

E Davi pôs a mão no alforje, e tomou dali uma pedra e com a funda lha atirou, e feriu o filisteu na testa, e a pedra se lhe encravou na testa, e caiu sobre o seu rosto em terra.

Assim Davi prevaleceu contra o filisteu, com uma funda e com uma pedra, e feriu o filisteu, e o matou; sem que Davi tivesse uma espada na mão.

Por isso correu Davi, e pôs-se em pé sobre o filisteu, e tomou a sua espada, e tirou-a da bainha, e o matou, e lhe cortou com ela a cabeça; vendo então os filisteus, que o seu herói era morto, fugiram.

Então os homens de Israel e Judá se levantaram, e jubilaram, e seguiram os filisteus, até chegar ao vale, e até às portas de Ecrom; e caíram os feridos dos filisteus pelo caminho de Saaraim até Gate e até Ecrom.

Então voltaram os filhos de Israel de perseguirem os filisteus, e despojaram os seus arraiais.

E Davi tomou a cabeça do filisteu, e a trouxe a Jerusalém; porém pôs as armas dele na sua tenda.

Vendo, porém, Saul, sair Davi a encontrar-se com o filisteu, disse a Abner, o capitão do exército: De quem é filho este moço, Abner? E disse Abner: Vive a tua alma, ó rei, que o não sei.

Disse então o rei: Pergunta, pois, de quem é filho este moço.

Voltando, pois, Davi de ferir o filisteu, Abner o tomou consigo, e o trouxe à presença de Saul, trazendo ele na mão a cabeça do filisteu.

E disse-lhe Saul: De quem és filho, jovem? E disse Davi: Filho de teu servo Jessé, belemita." I Sam 17:40-58

"Embora Davi era pequeno, porém Deus não esperou que ele crescesse, usou tudo que ele tinha; uma pedrinha...não espere ficar grande iguais aos outros, saía dando pedradas..."

QUANTO TEMPO JESUS DEMORAVA NA ORDEM PARA REALIZAR MILAGRES?

Quem sabe menos de 8 segundos! Era uma ordem: veja! Levanta-te! Receba! Anda! Ouça!

Estive na sinagoga em Nazaré onde Ele iniciou suas pregações. ISTO FOI MARCANTE DEMAIS!!!

Não contive a emoção ao pisar na sinagoga de Nazaré onde Jesus pregou a primeira mensagem de sua vida. Ele fora criado por ali brincando, correndo, trabalhando com o pai na carpintaria, e como era judeu, seu pai José e sua mãe Maria, o instruíram em todos os preceitos da lei Judaica.

Agora, depois de homem, já conhecedor da Torah, Tanach, Talmude, o sacerdote entrega ao jovem Jesus o rolo de Isaías, Jesus lê a passagem que fala sobre "O Espírito e Deus está sobre mim..." e depois fechou o livro, tendo todos os olhos fitos n'Ele, disse: "Hoje se cumpriu a profecia deste livro".

E então se revela Jesus!! Que tumulto foi aquele dia, as pessoas queriam inquirir José, Maria foi pressionada, mas o jovem menino declarou para o que viera.

Pisar ali foi um dos maiores sonhos de todo o meu ministério. Em saber que, dali, daquela humilde casa, a mensagem d'Ele iria impactar o mundo, fez toda a diferença.

Pois bem, eu fiz o exercício de ler a mesma passagem, pausadamente e cheguei aos 15 Segundos, nada mal.

A ideia não são os 8 segundos cravados e sim a determinação de chegar e fazer, de escolher e realizar, de não protelar, de não procrastinar, de não adiar, e sim, decidir e fazer, na hora, nos próximos segundos! É isso!

VEJA O TEXTO E O EPISÓDIO

"E, chegando a Nazaré, onde fora criado, entrou num dia de sábado, segundo o seu costume, na sinagoga, e levantou-se para ler. E foi-lhe dado o livro do profeta Isaías; e, quando abriu o livro, achou o lugar em que estava escrito:

O Espírito do Senhor é sobre mim, Pois que me ungiu para evangelizar os pobres.

Enviou-me a curar os quebrantados de coração, A pregar liberdade aos cativos, E restauração da vista aos cegos, A pôr em liberdade os oprimidos,

A anunciar o ano aceitável do Senhor.

E, cerrando o livro, e tornando-o a dar ao ministro, assentou-se; e os olhos de todos na sinagoga estavam fitos nele.

Então começou a dizer-lhes: Hoje se cumpriu esta Escritura em vossos ouvidos". Lucas 4:16-21

QUANTOS MAIS EXEMPLOS POSSO LISTAR?

Eu passaria o dia aqui listando a você os "Segundos da Bíblia", mas seria desnecessário se você conseguiu entender o ponto saliente de nossa dinâmica.

Protelar e "deixar rolar" é tudo que a sua carne deseja, suas paixões anseiam e o inimigo quer. O fato de sermos lentos para decidir nos impede de fluir no maior momento de força que podemos ter. E eu não estou pedindo muito, estou afirmando, 8 segundos, com tempo de folga para você olhar a situação e reagir. Você conhece aquele termo popular: "...da próxima vez conta até 10 antes de fazer uma besteira..."

Está provado que "parar para pensar" acertamos mais que erramos.

CAMPANHA CONTE ATÉ 10

É tão sério esta questão de se resolver nos primeiros segundos que o Governo Brasileiro lançou a campanha CONTE ATÉ 10 para diminuir a violência nas escolas e construir uma cultura de paz e de pausa diante da raiva.

Segundo o Ministério Nacional de Justiça e Segurança Pública, a campanha "Conte até 10" visa sensibilizar a sociedade com objetivo de evitar os homicídios cometidos por impulso, que ocorrem em situações como brigas em bares, discussões no trânsito ou entre vizinhos. O alvo são os crimes que acontecem em função da banalização da violência, da falta de tolerância, da ação impensada no momento da raiva. Daí a proposta de contar até dez e manter o controle.

A ação é uma iniciativa do Conselho Nacional do Ministério Público em parceria com a Estratégia Nacional de Justiça e Segurança Pública (Enasp), integrada pelo CNMP, Conselho Nacional de Justiça (CNJ) e o Ministério da Justiça. Instituída em fevereiro de 2010, a Enasp promove a articulação dos órgãos responsáveis pela segurança no país e coordena as ações de combate à violência.

Com a campanha "Conte até dez", a Estratégia quer ir além da qualificação e sensibilização dos agentes do sistema de justiça. Quer engajar também a sociedade civil. Na luta contra o homicídio, o desafio agora é agir em duas frentes: combater a impunidade, viabilizando a investigação e julgamento dos crimes, e conscientizar os brasileiros para evitar atitudes e reações contra a vida, em situações de violência. [10]

VEJA QUE TRAGO UM CONSENSO NOBRE, PARE E PENSE A RESPEITO

É interessante o que diz Luiz Flávio Gomes:

> Certa vez uma menina ganhou um brinquedo no dia do seu aniversário. Na manhã seguinte, uma amiguinha foi até sua casa para fazer-lhe companhia e brincar. Mas a menina não podia ficar com a amiga, pois tinha que sair com a mãe.

> A amiga pediu que a menina a deixasse ficar brincando com seu brinquedo novo até que ela voltasse. Ela não gostou muito da ideia, mas por insistência da mãe, acabou concordando.

> Quando retornou para casa, a amiguinha já não estava lá e tinha deixado o brinquedo fora da caixa, todo espalhado

10 - CIJ - Coordenadoria da Infância e da Juventude TJBA5ª Av. do CAB, nº 560, Tribunal de Justiça da Bahia. Sala 303 Anexo.Salvador, Bahia - Brasil. CEP 41745-971. Fone: (71) 3372-1841 / 1714 / 1711CEJA - Comissão Estadual Judiciária de Adoção do Estado da Bahia 5ª Av. do CAB, nº 560, Tribunal de Justiça da Bahia. Prédio Anexo, sala 308. Salvador, Bahia - Brasil. CEP 41745-971. Fone: (71) 3372-1616 Telefax: (71) 3372-1615 Autoridade Central Estadual em matéria de Adoção Internacional

e quebrado. Ela ficou muito brava e queria ir até à casa da amiga para brigar no mesmo instante. Mas a mãe ponderou.

– Você se lembra daquela vez que um carro jogou lama no seu sapato? Ao chegar em casa você queria limpar imediatamente aquela sujeira, mas sua avó não deixou. Ela falou que você deveria primeiro deixar o barro secar.

Depois, ficaria mais fácil limpar... E prosseguiu dizendo: – Com a raiva é a mesma coisa. Deixe a raiva secar primeiro, depois ficará bem mais fácil resolver tudo.

Mais tarde, a campainha tocou: era a amiga trazendo um brinquedo novo... disse que não tinha sido culpa dela, e sim de um menino invejoso que, por maldade, havia quebrado o brinquedo quando ela brincava com ele no jardim.

E a menina respondeu:

– Não faz mal, minha raiva já secou![11]

Para reflexão:

"Agir com raiva é o mesmo que içar vela na tempestade" (Eurípedes, grego, dramaturgo).

"Guardar ressentimento é como tomar veneno e esperar que a outra pessoa morra" (Malachy McCourt, americano, escritor).

"O coração que odeia, fabrica armas para seus inimigos" (Mikhail Naimy, libanês, escritor).

---

11 – Luiz Flavio Gomes é Jurista e criador do Movimento #QueroUmBrasilÉtico. Diretor-presidente do Instituto de Mediação Luiz Flávio Gomes. Doutor em Direito Penal pela Faculdade de Direito da Universidade Complutense de Madri. Mestre em Direito Penal pela Faculdade de Direito da Universidade de São Paulo. Para saber mais: Site: www.luizflaviogomes.com

PERCEBE COMO É NECESSÁRIO TRABALHAR ESTES 8 SEGUNDOS?

Relatos como estes nos levam a percepção de que temos que nos valer de pequenos momentos para criar os grandes. Entendemos com isto tudo que NÃO PODEMOS TOMAR DECISÕES ETERNAS DEBAIXO DE UMA PRESSÃO TEMPORÁRIA. O súbito nos engana, mas cautela nos direciona. Pare, pense, conte até 10 ou 8 segundos, faça o que for necessário para resistir "àquele pensamento", "àquela decisão embaraçosa", encare seus problemas de frente, aja rápido e construa um novo caminho de excelência. Isto é praticidade.

QUER MUDAR COMECE HOJE, E NÃO PENSE EM HORAS OU DIAS, É AGORA NA PRÓXIMA SITUAÇÃO, NOS 8 SEGUNDOS!

CAPÍTULO 7

USANDO OS 8 SEGUNDOS NO ACIDENTE DA CURVA EMOCIONAL

Nunca na história a frase "A casa caiu" teve tanta importância para quem precisa mudar e a arrogância não deixa ver.

Era uma tarde de inverno nos Estados Unidos quando entrou em meu gabinete Bob. Ele estava ofegante, suava e bem avermelhado. Eu me levantei e tentei indagar o que estava acontecendo.

Tentando controlar-se do choro, encontrou forças para dizer que sua esposa estava indo embora de casa e precisava do meu apoio para detê-la.

Rapidamente eu fui ao telefone e contive a esposa dizendo que iria ouvi-lo, depois queria ouvi-la, e juntos iriamos trabalhar para evitar uma tragédia. Ela estava relutante e desesperada, no entanto, resolveu parar de fazer as malas e me ouvir.

Eu fiquei no meio do fogo cruzado, de um lado um homem chorando e do outro uma mulher furiosa. Quando tudo aparentemente se acalmou, Bob me confidenciou que Joanne havia flagrado ele assistindo um canal pornográfico e ficou bastante furiosa.

Este "shock" despertou Bob daquele encanto e a partir daí caiu na real. Ele frequentava aos cultos aos domingos e de vez em quando na semana, muitas vezes ouviu mensagens que cobriam este tema de sexualidade, participava dos nossos encontros de casais, no entanto, foi preciso este acidente na "curva emocional" para acordar e ser despertado.

Agora ele estava totalmente disposto a qualquer sacrifício para restaurar seu casamento.

Ouvi o lado de Bob na história e negociei com sua esposa uma última chance.

APLICANDO OS 8 SEGUNDOS COM BOB

Disse a ele que não iria orar por eles naquele momento, lembro da expressão de Bob quando mencionei não orar por eles.

Me aproximei e disse: "Bob, desta feita eu não vou orar, porque já temos orado demais, está na hora de agir um pouco com o auxílio do Espírito Santo..."

Disse a ele que daria uma tarefa e assim o fiz. Perguntei como ele acessava os canais de pornografia, ele me disse que pagava o canal 207. Então disse a ele que chegasse em casa, pegasse o controle remoto, se posicionasse em frente do televisor e levantasse o dedo para apertar e liberar o canal de pornografia. Neste momento Ele ficou mais espantado... "como assim, pastor? Eu quero é correr do pecado", ao que eu disse: "desta vez você vai encará-lo pela última vez..." e prosseguir, dizendo que ao se preparar para apertar o botão do canal, antes repetisse 10 vezes "TUDO POSSO NAQUELE QUE ME FORTALECE" e ainda afirmei que depois do 10° "tudo posso" se nada tivesse acontecido, ele poderia ir em frente e assistir este maldito canal.

Bob saiu correndo do meu gabinete, eu me sentei e perguntei a Deus: "SENHOR, o que foi que eu fiz? ". A reposta veio 30 minutos depois. O telefone tocou e eu podia ouvir duas vozes chorando ao telefone. Bob foi o primeiro que falou e disse: "Pastor, no terceiro "tudo posso", eu caí de joelhos renovado pela alegria do Espírito Santo, minha esposa me perdoou e vamos seguir juntos corrigindo estas coisas".

Ainda bem que ninguém me ouviu, porque eu dei um grito como de um gol de fim de campeonato quando o time é campeão.

É claro que isto não foi solução para todo tipo de problema que apareceu em meu gabinete, mas ficou claro que a dinâmica tem seu poder de atuação. E sei que o Espírito Santo teve a maior e melhor participação, como também afluiu da vontade de Bob de se ver livre daquele mal.

Depois gastei um bom tempo em gabinete com ele para ajudá-lo a terminar de vez este vício que afeta demais a harmonia de um lar.

O ACIDENTE NA CURVA EMOCIONAL

Lidar com o "shock" emocional não e fácil, embora difere de pessoa para pessoa. Cada pessoa tem uma linha de decifrar o impacto de um trauma. Muitas vezes um impacto emocional pode ultrapassar a linha de tolerância e causar um certo tipo de desarmamento.

Nosso emocional funciona como um padrão de luz, se a corrente elétrica sobrecarrega, alguns disjuntores desarmam, outros soltam faíscas e em casos de maior densidade explodem. Geralmente o ser humano desarma diante de uma situação difícil, assim como aconteceu com Bob. Sua esposa Mary soltou faísca, outros cônjuges teriam sucumbido ao ponto de explodir. Graças a Deus eu consegui segurar as informações e a família não foi exposta ao falatório da pequena cidade.

O psicólogo Artur Thiago Scarpato, diz que "Todas estas situações podem ultrapassar o limiar de tolerância de uma pessoa em relação ao que ela "experienciou". Assim, para algumas pessoas, a experiência de violência pode ser vivida como traumática, o que significa que a pessoa vive uma intensa reação de estresse na situação, sendo que a reação não se desfaz e a pessoa não retorna ao seu estado psicológico habitual. Em situações ideais, uma pessoa que se depara com uma situação de agressão, vivencia uma alta intensidade de estresse no momento e logo depois do evento, mas tende a ir voltando ao seu padrão de funcionamento com o passar do tempo". (Selye, 1974, 1976).[12]

Grande parte da população, inclusive de igreja, muitas vezes, só se humilham quando algo assim acontece, é preciso Deus permitir uma situação que desarme o poder da arrogância e aí a pessoa cai em si.

12 - Associação Americana de Psiquiatria (1995). Manual Diagnóstico e Estatístico de Transtornos Mentais – DSM IV, Porto Alegre, Artes Médicas Keleman, Stanley (1987/1995) corporificando a experiência, São Paulo, Summus (1985/1992) Anatomia Emocional, São Paulo, Summus (1989/1997) Padrões de Distresse, São Paulo, Summus Selye, Hans (1974). Stress without Distress. Nova York, NAL (1976/1978) The Stress of Life, New York, Mc Graw Hill, revised edition.

Temos o caso de Caim quando Deus o cobrou da morte do irmão Abel por ver o seu semblante descaído.

Ainda segundo Scarpato: Cada pessoa em situação de Estresse Pós-Traumático necessita de uma atenção cuidadosa, pois suas reações têm relação com a sua história de vida, sua capacidade de lidar com sentimentos e emoções, o impacto que a experiência teve em sua vida e a qualidade de suas experiências de vida dali para frente. A intervenção terapêutica é um recurso necessário para que a pessoa possa reorganizar seu padrão de funcionamento e continuar seu processo de vida de modo mais saudável"[13]

O VÁCUO EMOCIONAL PROPORCIONA UMA ENTRADA PARA MUDANÇA DE ATITUDE

Não quero que as pessoas tenham "acidentes e curvas emocionais", o meu desejo era que todos que desenvolvem comportamentos que atinge suas emoções, não gozam de uma vida abundante e possui muitos problemas à sua volta com todos, fossem sinceros para ADMITIR e iniciar o processo de restauração emocional e física, bem como, espiritual, no entanto, se esta válvula emocional existe, temos que saber utilizá-la para o bem da pessoa.

Não espere um acidente na curva emocional acontecer para iniciar o seu processo de 8 Segundos, encare de frente seus problemas, situações, patologias, reaja, lute conta aquilo que você já sabe que não está bem, que a Bíblia diz que não está correto, re-

13 - Schore, Allan N. (2001). The Effects of a Secure Attachment Relationship on Right Brain Development, Affect Regulation, and Infant Mental Health. Infant Mental Health Journal. 22, p 7-66. (2002). Dysregulation of the Right Brain:A Fundamental Mechanism of Traumatic Attachment and the Psychopathogenesis of Posttraumatic Stress Disorder. Australian and New Zealand Journal of Psychiatry, 36, p 9-30.

nasça para um mundo novo, uma nova história, com muita ajuda do alto.

CAPÍTULO 8

IDENTIFICANDO ÁREAS QUE NECESSITAM DE 8 SEGUNDOS

Cada segundo conta quando deitamos atenção no que mais nos aflige, a dor. O desenvolvimento desta distância entre a concentração dos 8 segundos sobre o que nos causa a dor, cria uma resposta íntima aos clamores da nossa alma.

Em Belém, Israel, eu estava segurando uma ovelha no Campo dos Pastores e sete fatos curiosos aprendi com minha amiga em Israel, Sula, uma pastora local.

Antes, porém a linguagem do abraço é a maior comunicação entre a ovelha e o pastor. Estima-se que por 10 segundos a ovelha abraçada se sente amada.

Nicolau Bordelau afirma que a duração média de um abraço entre duas pessoas é de 3 segundos.

Mas os pesquisadores descobriram algo fantástico: Quando um abraço dura 20 segundos, há um efeito terapêutico sobre o corpo e mente.

A razão é que um abraço sincero produz um hormônio chamado "oxitocina", também conhecido como o hormônio do amor.

Esta substância tem muitos benefícios na nossa saúde física e mental, ajuda-nos, entre outras coisas, para relaxar, para se sentir seguro e acalmar nossos medos e ansiedade.

Este maravilhoso calmante é oferecido de forma gratuita cada vez que temos uma pessoa em nossos braços.[14]

A QUESTÃO DO ABRAÇO NOS AJUDA A ELUCIDAR O PRINCÍPIO DOS 8 SEGUNDOS

Ainda nas lições de Belém, aprendemos que a ovelha possui certos princípios para serem observados e se encaixam perfeitamente na dinâmica dos 8 Segundos. Veja que interessante:

A ovelha não se pega pelo dorso, se assim o fizermos rompe ligas de circulação e ela vai à óbito, ovelha que é ovelha corre para o pastor quando Ele abre os braços.

A ovelha também só entende que o pastor a quer quando ele abre os braços, ela só compreende a linguagem do abraço. Quando o pastor vai andar ele chama e elas podem ouvir outras vozes, mas só reconhecem a voz do seu pastor. Ao caminhar o pastor precisa ir batendo o cajado numa pedra ou algo duro, se ele bater no barranco ou na areia, na lama, as ovelhas param e ficam confusas.

Lugar de apriscos não é cerca, e sim, um lugar que reúna quatro coisas básicas: um vale entre as montanhas, água fresca, grama verde e sombra. Quando uma ovelha teima, o pastor deve

14   https://www.pensador.com/frase/MTY3ODEzMA/ 07/11/17

sim quebrar a perninha dela, só que antes, precisa conferir o peso, porque vai ter que carregá-la no dorso enquanto ela não for curada e por fim, ovelha não fica onde tem água barulhenta, ela se sente bem em águas tranquilas como já dizia o Salmo 23.

Vamos às lições:

Ovelha não se pega pelo dorso, se assim o fizermos rompe ligas de circulação e ela vai à óbito.

Quantas ovelhas pastores bateram de tudo quanto é jeito, matando-as.

Ovelha que é ovelha corre para o pastor quando Ele abre os braços. A ovelha só entende que o pastor a quer quando ele abre os braços, ela só compreende a linguagem do abraço.

O abraço é o amor, o carinho, a proteção. Mas tem uma lição maior aí, quem abre os braços precisa ser pastor mesmo, e a ovelha precisa ser ovelha mesmo, porque lobo e bode não se abraçam.

Quando o pastor vai andar ele chama e elas podem ouvir outras vozes, mas só reconhecem a voz do seu pastor.

A voz do pastor é a chave que abre o coração da ovelha, se um pastor não alcançou o coração da sua ovelha, das duas uma, ou não é pastor mesmo, ou não tem ovelha coisa nenhuma.

A caminhar o pastor precisa ir batendo o cajado numa pedra ou algo duro, se ele bater no barranco ou na areia, na lama, as ovelhas param e ficam confusas.

A Palavra pastoral tem que bater seu cajado na rocha, e rocha é a pedra, e pedra é Jesus, e Jesus é a Palavra. Outra coisa fora disso é bater na lama, na areia, no barranco e confundir o rebanho. Pastor que não tem unção fica inventando programação;

Lugar de apriscos não é cerca, e sim, um lugar que reúna quatro coisas básicas: um vale entre as montanhas, água fresca, grama verde e sombra.

Vale é segurança, água fresca é limpeza para o corpo, grama verde é alimento e sombra é descanso. Como ficar numa igreja que não tem palavra, é um tumulto, não há descanso e o pastor fica colocando óculos verdes na cara das ovelhas para enxergar uma grama verde que na verdade é o pastor seco? Igreja é igual restaurante, se a comida é boa a gente viaja longe..., mas as vezes morremos de sede em frente do mar.

Quando uma ovelha teima, o pastor deve sim quebrar a perninha dela, só que antes, precisa conferir o peso, porque vai ter que carregá-la no dorso enquanto ela não for curada;

Tem pastor que bate e deixa para lá, abandona, este vai dar contas a Deus. Pastor que ama pode até quebrar as perninhas da ovelha, mas vai andar com ela para curar, mostrar a todos que o amor carrega e suporta e dá uma nova chance.

Há um calor do pescoço do pastor que em contato com a pele da ovelha promove uma mutação na defesa do animal e a cura é mais rápida. Vai entender isso? É a ciência quem diz e Jesus já usava isto. O peso de um pastorado autêntico, curador é sentido no carregar de uma ovelha ferida.

E por fim, ovelha não fica onde tem água barulhenta, ela se sente bem em águas tranquilas como diz o Salmo 23.

Quando as águas são agitadas, elas não conseguem ficar em paz, não bebem água, e fica de pescoço, olhando a volta com

medo. Igreja onde só existe "reuniãozinhas" de desaforos, disse-
-me-disse, fofoca, dissenções, indiretas nos púlpitos, falatórios
uns dos outros, gente tomando conta da vida do outro, quer saber
tudo, especula, diz que ajuda só para depois sair falando, ajuda
com uma mão e tora com a outra, mentem, tudo isto vai espantar
as ovelhas e pessoas não ficam num lugar hostil assim. As águas
tranquilas acalmam a alma da ovelha.

O ABRAÇO ESTÁ ÍNTRINSICAMENTE ENVOLVIDO NA QUESTÃO PASTOR-OVELHA, COMO TAMBÉM PESSOA-PESSOA

Não pode ser à toa que a ciência tem se debruçado no tema
"abraço". Atualmente há um estudo em desenvolvimento na Harvard University a respeito da "Química do abraço".

Mesmo sem uma universidade, as pessoas comuns sabem
o quanto um abraço amoroso e sincero traz benefícios físicos e
emocionais.

Todos nós sabemos que alguns segundos, sejam 8 ou mais,
podem até transformar vidas.

Tive amigos que após um dia difícil, onde tudo deu errado,
aqueles em que a gente pensa "eu deveria ter ficado em casa hoje",
ao receberem um abraço abriram o primeiro sorriso do dia, mesmo estando tristes.

É verdade, as vezes um simples abraço muda todo o dia da
gente.

Algumas pesquisas apontam que um abraço que dura pelo
menos 3 segundos, já é o bastante para liberar um novo com-

portamento. Esta conclusão quem chegou foi a psicóloga Emese Nagy, da Universidade de Dundee, na Escócia. A Dra. Nagy fez uma publicação a respeito dos abraços nos jogos olímpicos de 2008 e no site Springe Link publicou uma tese onde afirma que o abraço espontâneo realizado entre os atletas era de um pouco mais de 3 segundos, ela constatou que eles se abraçavam por esse tempo pois era apenas uma ordem mecânica do cérebro como uma atitude de reconhecimento e de manutenção de equipe. Ou seja, como ela mesma afirma "o ato era apenas uma resposta a essa ordem".[15]

E não é assim o tempo (3 segundos) em média com que você abraça e cumprimenta formalmente conhecidos, colegas e amigos? Até mesmo familiares e as pessoas com quem você tem mais simpatia? Segundo a Dra. Nagy, assim como os atletas no final do jogo, você está só seguindo "ordens".

Mas não pense que isto é "cientificamente provado" e os 3 segundos não são exatos, apenas índices do campo do estudo, mas que tem se aproximado da normalidade comportamental.

Tipo assim:
Abraço curto: Valeu!
Abraço apertado: Sentirei sua falta!
Abraço demorado: Que bom que você chegou!

---

15 - NAGBY, Emesi - M.D. General Medicine. Summa Cum Laude. Albert Szent-Györgyi Medical University, Szeged, Hungary. / B.A. : Psychology M.A. Developmental Psychopathology. Summa Cum Laude. Eotvos Lorand University, Budapest, Hungary. / Ph.D Medicine. : Clinical Psychiatry and Psychology. Semmelweis Medical University, Budapest, Hungary. / Psychiatry Residency Training – HIETE, Budapest, Hungary (partial). / Post-doctoral training: Department of Psychiatry, Health Science Centre, University of Texas, Houston, TX, USA. Autism, neuropsychology and neurophysiology (with Professors Katharine Loveland, Jacelyne Bachevalier, & Geoffrey Potts at Rice University) Consuta em: http://discovery.dundee.ac.uk/portal/en/persons/emese-nagy(8af98d93-e3ed-490f-ab-84-0016f2666a55).html dia 07/11/17

Abraço longo: Eu preciso te proteger.

O jornal Comprehen Sivephysiology publicou a pesquisa de Lena Forsell e Jan Aström onde eles explicam que os abraços demorados influem diretamente na reorganização celular do corpo e emitem comandos ao cérebro, o que traz melhorias em vários sentidos.

Aproveitaram o dia nacional do abraço nos EUA para desenvolverem seus estudos e algumas pessoas abraçadas com mais intensidade experimentaram comportamento melhores no dia seguinte.

Então eles levaram seus resultados para outros pesquisadores e ao compartilhar estudos, chegaram à conclusão que um simples toque motiva o organismo a produzir oxitocina, que na verdade é um hormônio ligado a liberação de emoções, ou esteja conectado a elas

O mais interessante é que existe outros comandos com os quais o organismo libera, porém, no toque do abraço demorado as liberações são mais rápidas e eficazes;

E a ciência afirma que esse tipo de hormônio reduz o grau de estresse, ansiedade, pressão arterial, frequência cardíaca e causa um aumento da produção de endorfinas que fortalecem o sistema imunológico do corpo. Além do abraço que estimulam estes efeitos benéficos, é possível produzir oxitocina com beijos, carinhos e até com sexo.

Aström afirma que "Um breve abraço e 10 minutos de mãos dadas com um parceiro romântico reduzirá grandemente os efeitos físicos nocivos do estresse" – explica o pesquisador Jan A. Aström.[16]

Já Barringtin Brennen constata que um abraço entre 8 a 20 segundos pode salvar um casamento, uma amizade.

"Se você sentir que seu casamento está caindo aos pedaços ou as coisas não são muito excitantes em seu relacionamento, então segure seu parceiro em um abraço de corpo inteiro e fique lá por 20 segundos" – aconselha o terapeuta.

Só há uma ressalva, esta técnica não funciona onde não existe laço emocional, é preciso haver o mínimo de uma afetividade, nem que seja à primeira vista, ou uma pessoa muito necessitada, que primeiro recebe o abraço e depois procura saber quem abraçou.

O ABRAÇO DE 8 SEGUNDOS PELO MENOS É UM ALÍVIO PARA A DOR

E a "DOR", que fenômeno é esse?

Passei por uma internação hospitalar devido aos cálculos renais que enfrentei e não foi fácil. No auge da dor escrevi sobre a mesma e foi assim:

Voar até o sol com uma canoa de madeira, remando entre as estrelas ou navegar o oceano sentado numa simples e frágil pena de cisne...são nuances que só o "cronismo" de uma dor nos proporciona em sua maior intensidade.

16 - Åström J. (1993) Introductory greeting behaviour in relation to sex, age, physical characteristics, attitudes, personality, and psychopathology: Approaches by interviews, observations, and experiments. Unpublished doctoral dissertation. Linköping Univer., Medical Dissertations No. 403. Google Scholar

Tão rejeitada e cruel dor, faz sofrer pequenos e grandes sem distinção de raça ou cor. Desde que há dez dias, descobri que meus rins acumularam pedras e provocaram os cálculos renais, consequentemente as cólicas agudas, tenho lidado com a dor. Confesso que ela é persistente, latente, clemente e voraz.

Quem consegue raciocinar, escrever ou pintar? Ninguém. No seu ponto mais agudo, a lágrima sai, desce, cai, e revela que a mais pesada é aquela que insiste em não cair. A dor traz para fora o nível da resistência de uma alma lutadora. E a gente ora, amigos oram, as igrejas oram...e a dor insiste.

Hoje eu decidi dançar com ela. Fui à sala, deixei o leito e fui "valsiar" com a dor. A dor nos ensina, nos encoraja a lutar persistir...vou aqui doendo, mas conseguindo ver o que há de belo numa situação sofrida, uma beleza oculta, um verdadeiro porquê! E assim viver, tentando entender o sorriso da Monalisa.

Dor, eu não te quero, mas enquanto você persistir em ficar, eu resisto, combato, aprendo, convivo e vivo! Porque para mim, a dor é inevitável, mas sofrer é uma escolha...se eu não posso com a dor, tem nada não, vou dançar com ela!

DECIDIR NÃO É FÁCIL, PORÉM É A SAÍDA MELHOR PARA A DOR

Já pisei no topo do Sinai (3.000 m de altura) e nas Cordilheiras dos Andes (4.800 m Altura), são duas montanhas opostas, porém com a mesma mensagem.

A vegetação sólida, forte e reprodutiva está nos vales, e no topo não há vegetação. As poucas que possuem são fracas.

A força da montanha é regrada pelo vale que a cerca.

Aprendo na vida que são os momentos de tristeza, sofrimento, dor, quando estamos por baixo, onde produzimos o nosso melhor, a nossa força.

Montanha é só para ostentação, o melhor coração se conhece em seu vale.

Por isto a Bíblia não menciona que o SENHOR iria comigo no topo e sim, que passaria comigo no vale da sombra e da morte.

Porque Ele sabe que só ali eu posso ser mais sensível e ouvir a Sua voz.

A Montanha me tira a atenção pela beleza e o glamour dos horizontes, nos vales eu posso apenas ver a face do meu Deus.

Valorize seu vale, pois neles está a força da sua vegetação, e a montanha, se vier é bônus, é só para apreciar.

Jesus sabia que Lázaro estava doente e só foi quando ele faleceu.

Ou seja, Jesus não se desesperou e nem se intimidou diante daquela enfermidade. De antemão Ele sabia que não adiantava nada a correria, porque Lázaro iria morrer mesmo.

Assim, Jesus nos ensina em Betânia que as perdas fazem parte do processo, há "Lázaros" que terão que morrer em nossas vidas.

Então, na doença haveria uma cura, na morte a ressurreição.

JESUS CONHECE A DOR, ELE ABRAÇA AOS QUE SOFREM, SEU ABRAÇO É ETERNO E VAI ALÉM DOS 8 SEGUNDOS.

Jesus sabia que haveria ressureição, então Ele protegeu o milagre. Ele não entrou na aldeia porque a mesma estava em um "clima antimilagre". Note que Marta sai da Aldeia para falar com Ele. Mesmo sendo quem era não arriscou se "envolver naquele ambiente".

Ele teve o mesmo problema em Cafarnaum por causa do "ambiente da incredulidade". Então, aqui temos mais uma Atitude Betânia: "CRIE E CULTIVE O AMBIENTE PARA O MILAGRE". Não entre em ambientes que destroem sua expectativa. Saia do meio destes grupos. Proteja sua ressurreição.

Diante do ambiente Jesus não Reage, Ele Age.

Jesus só entrou na Aldeia para agir. Para cada palavra Negativa Ele tinha uma Positiva.

Leia o texto. Então crie um ambiente de milagre, não aceite mal comentários, fofocas, maledicências. Não participe, recuse, morra em você, fale ao contrário, AJA! E o ambiente vai proporcionar o milagre!

Eu chamo isto de ATITUDE BETÂNIA.

Você possui o ambiente que escolheu, por isto não reclame!

Jesus não entrou na aldeia para "proteger o milagre ", proteja o seu!

Jesus orienta-nos sobre escolher ambientes dignos, veja:

Mateus: 10:11. Em qualquer cidade ou aldeia em que entrardes, procurai saber quem nela é digno, e hospedai-vos aí até que vos retireis. –

Note que não estou brincando, veja como é sério:

Marcos: 8: 23. Jesus, pois, tomou o cego pela mão, e o levou para fora da aldeia; e cuspindo-lhe nos olhos, e impondo-lhe as mãos, perguntou-lhe: Vês alguma coisa? –

Por que Jesus o leva para fora da Aldeia? Você quer comentar?

E para proteger o MILAGRE do cego, veja o que Ele fez:

Marcos: 8: 26: "Depois o mandou para casa, dizendo: Mas não entres na aldeia". Isto lembra quando Deus enviou os anjos mandando Ló e a família saírem de Sodoma.

Por quê? Pense agora sobre isto.

CAPÍTULO 9

APLICAÇÃO DOS 8 SEGUNDOS EM SUA VIDA

Nenhum chão determina o sucesso de um empreendimento, ele pode te dar segurança, porém é a visão que te transporta à uma nova dimensão.

Jesus andou sobre as águas como se fosse terra firme e Pedro afundou diante daquele que possuía todos os recursos necessários, e agora?

Aprenda que não são as ferramentas e o capital de giro que darão norte aos seus objetivos, mas o quanto sua visão está comprometida com a missão de cumprir com seu propósito.

O propósito de Jesus era mostrar Seu cuidado, já o de Pedro era apenas ir até Jesus. Do que adiantaria ir até o Mestre se o mesmo já estava vindo até o barco?

Nossas decisões sob uma pressão emotiva, além de atrasar o mover de Jesus em direção ao nosso barco, afunda todas intenções de nossa vaidade pessoal.

Por este motivo, apenas ler este livro e não praticar, é ter chão sem visão. O fato de colocar em prática o que você leu aqui, ampliará sua visão e te abrirá um leque de opções de vida abundante.

COMECE USANDO OS 8 SEGUNDOS PARA NÃO INGERIR VENENO

Quando Jesus necessitava de água, lhe deram vinagre, porém, Jesus recusou. Dar vinagre amargo para um pedinte sedento foi uma ofensa. No entanto, num gesto simples Jesus não deu a mínima.

Nesta vida não faltarão ofensas, ataques e calúnias, "vinagre em lugar de água" então vamos aprender a lição de Jesus, apenas rejeite em silêncio. Olhe o vinagre e conte 8 segundos, deixa passar...só pode sentir o amargo do fel quem o ingere.

Você não pode evitar os ataques, nem "os vinagres", porém é você quem determina se vai ingerir ou não.

NÃO SÃO OS PROBLEMAS QUE ESTRAGAM TUDO, MAS O MODO PELO QUAL REAGIMOS A ELES.

Você precisa treinar todos os dias a pausa de 8 segundos em frente algo que desafia sua paz.

Quando morei nos EUA por 11 anos, conheci alguns descendentes dos aborígenes da tribo Cherokee. Até há um carro jeep com este nome em homenagem a eles. É um carro forte e resistente, assim como a história deles narra.

Toda tribo, por mais selvagem que seja, possui um código ético e uma lei local, não é diferente dos Cherokees.

Achei interessante o que li sobre eles, veja que costume tão precioso:

"Você conhece a lenda do rito de passagem da juventude dos índios Cherokees?

O pai leva o filho para a floresta durante o final da tarde, venda-lhe os olhos e deixa-o sozinho.

O filho se senta sozinho no topo de uma montanha durante toda a noite e não pode remover a venda até os raios do sol brilharem no dia seguinte.

Ele não pode gritar por socorro para ninguém.

Se ele passar a noite toda lá, será considerado um homem.

Ele não pode contar a experiência aos outros meninos porque cada um deve tornar-se homem do seu próprio modo, enfrentando o medo do desconhecido.

O menino está naturalmente amedrontado. Ele pode ouvir toda espécie de barulho. Os animais selvagens podem, naturalmente, estar ao redor dele.

Talvez alguns humanos possam feri-lo. Os insetos e cobras podem vir picá-lo. Ele pode estar com frio, fome e sede.

O vento sopra a grama e a terra sacode os tocos, mas ele não remove a venda.

Segundo os Cherokees, este é o único modo dele se tornar um homem.

Finalmente...após a noite horrível, o sol aparece e a venda é removida. Ele então descobre que seu pai estava sentado na montanha perto dele em silêncio a noite inteira. Ele estava a noite inteira protegendo seu filho do perigo.

(É claro que este segredo nenhum outro menino sabe para que quando chegar sua vez, não estrague o impacto da lição. E quem passou por isto guarda segredo).

E qual é a lição?

Nós também nunca estamos sozinhos!

Mesmo quando não percebemos, Deus está olhando para nós, "sentado ao nosso lado".

Quando os problemas vêm, tudo que temos a fazer é confiar que ELE está nos protegendo.

Moral da história: Apenas porque você não vê Deus, não significa que Ele não esteja conosco.

Nós precisamos caminhar pela nossa fé, não com a nossa visão material.

"E evite tirar a sua venda antes do amanhecer..."

Eu li esta mensagem e achei importante ministrar à você.

Afinal, por uma atitude de fé, jamais quero que você questione quando Deus permitir que tenhamos algumas vendas nos olhos.

A única forma de confiar mais é sentir o perigo sabendo que você está num abrigo.

UM DIA APÓS A QUEDA DAS TORRES GÊMEAS

Em Waterbury, Connecticut, EUA, no dia 12 de setembro de 2001, um dia após eu ter visto ao vivo a queda das Torres Gêmeas (pois eu estava dirigindo em Nova York) e nesta ocasião, a América, há muito já havia tirado sua confiança em Deus e confiava em seu orgulho e prepotência. No dia do teste a América falhou. Os terroristas tiveram alguns segundos para abalar séculos de pedantismo americano. Um percurso que eu fazia com uma hora e alguns minutos, gastei cerca de 5 horas por causa do trânsito lento e todos abalados com o que houvera acontecido.

UMA LIÇÃO PARA O MUNDO

Segundo o Ver. Eduardo Brasil, a filha de Billy Graham, Anne Lotz Graham, estava sendo entrevistada no "Early Show" e Jane Clayson perguntou a ela: – Como é que DEUS teria permitido algo horroroso assim acontecer no dia 11 de setembro?

Anne Graham deu uma resposta extremamente profunda e sábia. Ela disse: "Eu creio que DEUS ficou profundamente triste com o que aconteceu, tanto quanto nós. Por muitos anos nós temos dito para DEUS não interferir em nossas escolhas, sair do nosso governo e sair de nossas vidas. Sendo um cavalheiro como DEUS é, eu creio que Ele calmamente nos deixou. Como poderemos esperar que DEUS nos dê a Sua bênção e Sua proteção se nós exigimos que Ele não se envolva mais conosco?"

Eu sei que há muita gente mandando e-mail a respeito do dia 11 de setembro de 2001, mas um atentado assim, como o ocorrido, realmente faz você pensar. Se você acha que não tem tempo, pelos menos passe os olhos nesta crônica, pois no fundo é algo sério para se pensar.... À vista dos acontecimentos recentes.... Ataque dos terroristas, tiroteio nas escolas, etc.

Eu creio que tudo começou desde que Madeline Murray O' Hare (que foi assassinada e seu corpo encontrado recentemente), se queixou de que era impróprio se fazer oração nas escolas americanas como se fazia tradicionalmente, e nós concordamos com a sua opinião. Depois disso, alguém disse que seria melhor também não ler mais a Bíblia nas escolas... A Bíblia que nos ensina que não devemos matar, não devemos roubar, e devemos amar o nosso próximo como a nós próprios. E nós concordamos.

Logo depois, o Dr. Benjamin Spock disse que não deveríamos bater em nossos filhos quando eles se comportassem mal, porque suas personalidades em formação ficariam distorcidas e poderíamos prejudicar sua autoestima. E nós dissemos: "um perito nesse assunto deve saber o que está falando", e então concordamos com ele.

Depois alguém disse que os professores e os diretores das escolas não deveriam disciplinar os nossos filhos quando eles se comportassem mal. Os administradores escolares então decidiram que nenhum professor em suas escolas deveria tocar em um aluno quando se comportasse mal, porque não queriam publicidade negativa, e não queriam ser processados. (Há uma grande diferença entre disciplinar e tocar, bater, dar socos, humilhar e chutar, etc.) E nós concordamos com tudo.

Aí alguém sugeriu que deveríamos deixar que nossas filhas fizessem aborto, se elas assim o quisessem, e que nem precisariam contar aos pais. E nós aceitamos essa sugestão sem ao menos questioná-la.

Em seguida algum membro da mesa administrativa escolar muito sabido disse que, como rapazes serão sempre rapazes, e que como homens iriam acabar fazendo o inevitável, que então deveríamos dar aos nossos filhos tantas camisinhas quantas eles quisessem, para que eles pudessem se divertir à vontade, e que nem precisaríamos dizer aos seus pais que eles as tivessem obtido na escola. E nós dissemos, "está bem".

Depois alguns dos nossos oficiais eleitos mais importantes disseram que não teria importância alguma o que nós fizéssemos em nossa privacidade, desde que estivéssemos cumprindo com os nossos deveres. Concordando com eles, dissemos que para nós não faria qualquer diferença o que uma pessoa fizesse em particular, incluindo o nosso presidente da República, desde que o nosso emprego fosse mantido e a nossa economia ficasse equilibrada.

Então alguém sugeriu que imprimíssemos revistas com fotografias de mulheres nuas, e disséssemos que isto é uma coisa sadia, e uma apreciação natural da beleza do corpo feminino. E nós também concordamos.

Depois uma outra pessoa levou isto um passo mais adiante e publicou fotos de crianças nuas e foi mais além ainda, colocando-as à disposição na Internet. E nós dissemos, "está bem, isto é democracia, e eles têm direito de ter a liberdade de se expressar e fazer isso".

A indústria de entretenimento então disse: "Vamos fazer shows de TV e filmes que promovam profanação, violência e sexo ilícito. Vamos gravar música que estimule o estupro, drogas, assassínio, suicídio e temas satânicos. ” E nós dissemos: “Isto é apenas diversão, e não produz qualquer efeito prejudicial. Ninguém leva isso a sério mesmo, então que façam isso! ”

Agora nós estamos nos perguntando por que nossos filhos não têm consciência, e por que não sabem distinguir entre o bem e o mal, o certo e o errado, por que não lhes incomoda matar pessoas estranhas ou seus próprios colegas de classe ou a si próprios... provavelmente, se nós analisarmos tudo isto seriamente, iremos facilmente compreender: Nós colhemos exatamente aquilo que semeamos!

Uma menina escreveu um bilhetinho para DEUS, dizendo: “Senhor, por que não salvaste aquela criança na escola? ” A resposta dele seria: “Querida criança, não me deixam entrar nas escolas! ” Do Seu DEUS.

É triste como as pessoas simplesmente culpam DEUS e não entendem por que o mundo está indo a passos largos para o inferno. É triste como cremos em tudo que os jornais e a TV dizem, mas duvidamos do que a Bíblia nos diz. É triste como todo o mundo quer ir para o céu, desde que não precise crer, nem pensar ou dizer qualquer coisa que a Bíblia ensina. É triste como alguém diz: “Eu creio em DEUS”, mas ainda assim segue a Satanás, que por sinal, também “crê” em DEUS.

É engraçado como somos rápidos para julgar, mas não queremos ser julgados! Como podemos enviar centenas de piadas pelo e-mail, e elas se espalham como fogo, mas quando tentamos enviar algum e-mail a respeito de DEUS, as pessoas têm medo de compartilhar e reenviá-lo a outros! É triste ver como o material imoral, obsceno e vulgar corre livremente na internet, mas uma discussão pública a respeito de DEUS é suprimida rapidamente na escola e no trabalho. É triste ver como as pessoas ficam inflamadas a respeito de Cristo no domingo, mas depois se transformam em cristãos invisíveis pelo resto da semana. Você está achando graça? Você mesmo pode não querer reenviar esta mensagem a muitos da sua lista de endereços, porque você não tem certeza a respeito de como a receberão, ou do que pensarão a seu respeito, por lhes ter enviado. Não é verdade? Gozado que nós nos preocupamos mais com o que as outras pessoas pensam a nosso respeito do que com o que DEUS pensa.[17]

ME FAZ LEMBRAR 8 SEGUNDOS DE LEITURA NOS VERSOS;

"O meu povo está sendo destruído, porque lhe falta o conhecimento. Porquanto rejeitaste o conhecimento, também eu te rejeitarei, para que não sejas sacerdote diante de mim; visto que te esqueceste da lei do teu Deus, também eu me esquecerei de teus filhos. " (Oséias 4: 6)

"Os que semeiam em lágrimas segarão com alegria. Aquele que leva a preciosa semente, andando e chorando, voltará sem dúvida com alegria, trazendo consigo os seus molhos. " (Salmo 126: 5-6)

Confie em Deus, Ele está do seu lado, muitas vezes em silêncio, mas está lá, nunca o ignore. Você pode até ter medo, é natural, é uma defesa que o cérebro usa quando não entende o que você está prestes a passar. Tenha medo, mas nunca se deixe intimidar por ele.

17 – BRASIL, Eduardo. ©2017 Site do Pastor | Powered by WordPress & Reactor http://www.sitedopastor.com.br/finalmente-a-verdade-e-dita-na-tv-americana-11-de-setembro-de-2001/ Consulta em 08/11/17

Você não tem controle sobre as situações, mas possui domínio de como enfrentá-las! Você não tem força sobre a tempestade, porém possui o leme do barco, passe ileso pelo meio dela.

QUEM SE VALORIZA ATRAI SEGUIDORES

Disse Myles Monroe acertadamente que a Bíblia menciona o justo como uma árvore plantada junto ao ribeiro de águas. Quando você é uma árvore e dá frutos para Deus, não precisa se preocupar em ir atrás de seguidores, eles virão, Não é a árvore que vai entregar frutos, são as pessoas que vão até a árvore apanhar. Se você definir seus dons, realizar as mudanças, permanecer plantado em um propósito os frutos aparecerão e as pessoas virão comer do alimento que Deus proporciona através de você. Não se preocupe em expandir seus negócios, suas igrejas, seus frutos o farão por ti. Porque igreja é igual restaurante, se a comida for boa as pessoas vem de longe provar. Não existe concorrência para quem distribui o excelente.

Entre suas habilidades e seus dons está a definição de sua vida. Muitas pessoas procuram desesperadamente desenvolver habilidades, porém não perseguem de fato os seus dons. Habilidades são desenvolvidas, o dom está pronto.

Quem está preocupado com habilidade vai apenas sobreviver, quem descobre o seu dom vive o pleno da vida. Sua edição é única na Terra, você não precisa ser genérico e nem precisa copiar alguém. Use a força de suas habilidades para encontrar seu dom. Davi não possuía habilidade de Saul e teve dificuldades com a armadura, porém Davi tinha o dom de atirar a funda no alvo. Roupa de Saul desviado não funciona em Davi ungido. Desenvolva habilidades para encontrar o seu dom, ele está aí, Deus te fez completo!

O problema não está na situação difícil e sim na visão. Pessoas pobres falam sobre dinheiro, pessoas ricas falam em bens, pessoas prósperas discutem ideias. Próspero vem de um propósito próprio. Prosperidade não é riqueza, é operar a sua melhor versão, porque nela estão os propósitos de Deus. Pobres reclamam, ricos discutem, prósperos crescem.

A Bíblia diz que para todas as coisas há um propósito (Ecl. 12) e assim entendemos que propósitos possuem início e fim, desta forma tudo se objeta através de ciclos. O propósito de Deus é estabelecido por uma estação de tempo, assim funcionam as 4 estações. Ou seja, tudo é uma estação. Se você está sem dinheiro agora, alegre-se, pois, é uma estação, a próxima estação é de provisão. Depois que piora e não tem mais para onde ir, esta fase passa e a próxima terá que ser de prosperidade. Mesmo que você esteja enfrentando um período ruim, ele não é para sempre, esta estação passa. Lembra do mar vermelho? A próxima estação foi o mar aberto. Lembra do cego de Jericó? A próxima estação foi a cura. Alegre-se, está vindo um novo tempo.

Mudança é preciso. Tudo na vida muda. Tudo que é vivo muda. Mudança é o movimento mecânico dentro do primeiro verso da bíblia, a criação só foi efetuada pelo movimento de mudança. Se você não muda está ficando obsoleto. Você está inquieto e achando a vida ruim porque parou de mudar.

VEJA BEM

A ideia dos 8 Segundos é para você resolver no mínimo

e desfrutar no máximo. Esperar que algo grande aconteça pode minar sua fé, todavia, iniciar agora nos próximos segundos sua vitória, é imprescindível.

MANUTENÇÃO DOS PROPÓSITOS DOS 8 SEGUNDOS E A DEPENDÊNCIA DO ESPÍRITO SANTO

Quem controla a reação, contorna a situação...simples assim.

A situação é um elemento externo e estranho...já a reação tem o poder, se não conseguir diminuí-la, controle-a.

A reação é a chance que Deus nos deu para administrar uma situação.

A reação nasce em campos básicos da emoção e cada um dos terrenos serve de equilíbrio desde que não cheguem ao extremo.

São tipos de cavalos que quando nervosos e sem controle tornam-se ameaças.

Depende de dois fatores: a sua força e força dos cavalos.

A Bíblia diz que:

"...Não vos sobreveio tentação que não fosse humana; mas Deus é fiel e não permitirá que sejais tentados além das vossas forças; pelo contrário, juntamente com a tentação, vos proverá livramento, de sorte que a possais suportar. 1Coríntios 10:13.

Portanto esta é a segurança que temos n'Ele e d'Ele, pela Sua Palavra.

Desta forma SIM....está dentro de o poder de decisão com ajuda do Espírito Santo para vivenciar gálatas:

"... Ora, as obras da carne são conhecidas e são: prostituição, impureza, lascívia, idolatria, feitiçarias, inimizades, porfias, ciúmes, iras, discórdias, dissensões, facções, invejas, bebedices, glutonarias e coisas semelhantes a estas, a respeito das quais eu vos declaro, como já, outrora, vos preveni, que não herdarão o reino de Deus os que tais coisas praticam. Mas o fruto do Espírito é: amor, alegria, paz, longanimidade, benignidade, bondade, fidelidade, mansidão, domínio próprio. Contra estas coisas não há lei. E os que são de Cristo Jesus crucificaram a carne, com as suas paixões e concupiscências. Se vivemos no Espírito, andemos também no Espírito. Não nos deixemos possuir de vanglória, provocando uns aos outros, tendo inveja uns dos outros. Gálatas 5:19-26.

Temos o SENHOR por provedor e Sua Palavra.

Mesmo assim, quando as forças da nossa psicologia são menores que uma situação, Deus nos concedeu o Espirito Santo para completar em nossa fraqueza...

Também o Espírito, semelhantemente, nos assiste em nossa fraqueza; porque não sabemos orar como convém, mas o mesmo Espírito intercede por nós sobremaneira, com gemidos inexprimíveis. E aquele que sonda os corações sabe qual é a mente do Espírito, porque segundo a vontade de Deus é que ele intercede pelos santos. Sabemos que todas as coisas cooperam para o bem daqueles que amam a Deus, daqueles que são chamados segundo o seu propósito. Romanos 8:26-28.

Edificai-vos irmãos com estas palavras.

8 SEGUNDOS QUE MUDARAM MINHA VIDA – A EXPERIÊNCIA

"...fui ao Chile para pesquisar o mover, e o mover me pegou..."

Era dia 06 de agosto de 2017, eu estava em Santiago do Chile. Estava na cidade para realizar minhas pesquisas históricas. Para mim seria uma viagem normal como tantas que já fiz em mais de 30 países, porém, o que me esperava naquele dia eu não tinha ideia. Foram 8 segundos que causou um impacto fulminante. Uma experiência jamais vivida por mim outrora.

Naquela manhã, entrei na Catedral Evangélica do Chile (Metodista Pentecostal) para participar da celebração. Uma de minhas assistentes de trabalho, Giane Oliveira, me auxiliava na ocasião com a tradução para o Espanhol.

A igreja Metodista Pentecostal do Chile possui um templo enorme com capacidade para 5.126 pessoas, e lota. A membresia faz rodízio para vir ao templo. Todo de uma vez não dá e cada domingo é um setor que comparece.

Fui muito bem recebido pelos anfitriões, e depois me assentei para o início do culto. De repente alguma coisa aconteceu.

O que para mim seria um culto como centenas que já participei, não tinha ideia de que, naquela noite fria de inverno andino, algo quente me cortaria ao meio.

Certo momento, no meio da adoração, por volta das 20:36hs, fui atingido por algo sobrenatural. **NESTES 8 SEGUNDOS** senti como que uma flecha em chamas atingira meu peito de forma violenta. Quem estava ao meu lado percebeu.

Dali para frente me achei estranho.

Sai do culto e não continha o mover...ainda chorando tomei um taxi... Ah! meu Deus quanta unção!!!

Simplesmente não conseguia parar de chorar...muita graça, abundante graça.

Cheguei ao hotel, eu não consegui dormir direito aquela noite. Uma flecha me atingiu em cheio, eu estava abalado.

Cochilava e acordava várias vezes tocado pelo Espirito Santo, sempre sob um choro compulsivo.

Logo cedo, não me sentia aqui, no entanto, precisava ir para a universidade estudar e terminar meu trabalho, mas meu emocional estava profundamente abalado.

O poder do Espírito Santo fluía de forma incontrolável, e a vontade era de permanecer de joelhos.

Estava preocupado, pois poderia estar perturbando os hóspedes do hotel com meu clamor.

Vim ao Chile conhecer o mover e o mover me pegou.

Não possuía vontade de tomar café da manhã, não tinha forças para caminhar até a universidade e estando lá, creio que poderia ter outra crise de paixão por almas e tumultuar a sala, por isto decidi ficar no hotel no dia 7.

Tentei lutar com todas minhas forças, me conter, sabendo que "o espírito é sujeito ao profeta". Minha vontade era (ainda é) de abraçar todos e chorar muito.

Já eram passadas 6h desde o culto e ainda estava tocado. Sem forças para levantar...minhas mãos queimavam e o coração ardia.

Em meu coração vinha uma verdade:

Eu creio que Jesus vai enviar um grande avivamento, com profundo arrependimento e salvação de almas, e a primeira coisa que o vento do Espirito Santo vai fazer é derrubar as placas, as diferenças… as igrejas precisam dar as mãos e sacudir esta nação com o poder de Deus!!!

Somente um dia depois eu consegui dormir...depois de 24h a chorar.

Assim, me acalmei... as ondas fortes diminuíram... hoje, dentro de mim, me sinto estranho para melhor, estou diferente... ainda não consigo precisar o fenômeno, só sei que foi um mover do Espírito Santo.

Minha primeira benção foi o dia da minha conversão à Cristo, depois o batismo com Espírito Santo marcou minha segunda benção. Esta experiência no Chile, foi uma forma de capacitação para o ministério continuar fluindo na humildade e na obediência do SENHOR.

Ainda sinto o peito como que uma panela fervendo permanentemente, as pernas ainda estão trêmulas, o corpo queimando.

A visão da grande escada ao céu desapareceu e não ouço mais um som ininterrupto de uma multidão de pessoas e vozes angelicais.

Voltei a ter fome, sentindo noção de chão, as coisas regressando aos poucos a ter sentido, no entanto, o emocional ainda está propenso a chorar.

Porém, algo queima em meu peito 24h.

Quero abraçar todas as pessoas e chorar.

Embora as pernas ainda trêmulas, consigo caminhar, assim, hoje volto à Universidade.

Em meu diário, dia 6 de agosto de 2017 será conhecido como "o dia da Experiência Chile".

Ainda não consigo precisar este fenômeno, creio que com o passar dos dias tudo ficará mais claro...

Aos poucos me sinto deixando o epicentro do mover, embora convicto de estar trazendo isto dentro de mim.

Glória a Deus, Glória a Deus, Glória a Deus!

Confesso que... ontem achei que ia embora... foi muito forte... não tem como descrever, estou ainda sem noção.

A única coisa que o ser humano não consegue transferir é a experiência, porque ela é única, local e intransferível.

Na segunda noite, não pude mais lutar, abri meus braços e fechei os olhos... eu estava pronto... me sentia mais lá que aqui.

No dia seguinte tentei ir almoçar e o choro me pegou no meio da rua, em pleno trânsito.

Eu tenho equilíbrio, não vou entregar mensagens tipo "Deus falou comigo, coisa e tal" (o que Deus quer falar já está revelado em Sua Palavra, nada mais a acrescentar, a não ser algo diretamente especial para alguém, mas sem essa de trazer "uma nova revelação").

Não vou fazer um vídeo de arrebatamento "pra bombar nas redes" (isto é meninice e exibicionismo, tipo tirar self de si mesmo orando, longe de mim estas "paranoias gospel").

Não vou realizar qualquer outro tipo de coisa de variação pseudoespiritual que acontece com frequência em alguns círculos neopentecostais. Nem me comparar a ninguém, tão pouco, dizer os jargões: "Agora sim, agora conheci à Deus". Eu não seria tão ingênuo assim.

Foi apenas uma experiência que Deus assim quis me proporcionar, nada que me torne um super crente ou especial, nada disso...

Foi um encontro com o SENHOR visando um propósito e que aos poucos Ele vai direcionar.

O mundo não espera por exibicionismos, o mundo espera pela manifestação do Poder de Deus!!!

Hoje, dia 8 de agosto, precisamente dois dias depois, estou de saída para universidade, creio que vou ter condições de estudar.

O Interessante nisto tudo é que, Tiago diz: "achegai-vos a Deus e Ele se chegará a vós" (Tg. 4:8).

Quando a gente lê este texto pensamos numa certa superficialidade espiritual, apenas de um arrepio, um sentimento, às vezes. Porém, no grau que eu experimentei, 3 coisas aconteceram:

Primeiro, o medo de morrer se desfez completamente,

Segundo as coisas que eu via aqui, tipo ligar a TV, net, celular, piadas, esportes, etc., passaram não fazer sentido e

Terceiro chegou um momento em que a vontade de ir e não voltar era enorme, neste momento mulher, filhos e bens, não nos prendem mais. Não significa que deixamos de amar a família, só estou dizendo que alguma coisa maior supera o sentimento terreno, apenas isso.

Também não fui arrebatado, nem mesmo de sentidos, o tempo todo eu notava tudo diferente acontecendo, mas sempre com minhas faculdades mentais operando. Em nenhum momento deixei de saber quem eu era, e onde estava.

Lembrei do hino "Castelo Forte" de Lutero "...se temos que perder, fortuna, bens, mulher, embora a vida vá, Jesus por nós está e dar-nos-á Seu Reino...". (Estrofe IV - "Ein fester Burg ist unser Gott". Castelo Forte. Martin Luther).

E a saudade daqui? Bom, é igual ao momento em que a linha da Pipa se quebra e ela se vai nas alturas para sempre...

...não consigo mais explicar, é indizível...

A SUA MENTE ESTARÁ ACOMODADA ATE ENFRENTAR UM DESAFIO

A sensação de defesa e proteção te leva para uma atitude reativa. Se você não for ferido, criará uma solução temporária, mas se o desafio ferir você, criará algo imutável. Suas maiores defesas são as espessas camadas de aprendizado em meio as lutas.

Os testes virão numa forma de crise, sua mente reativará os mecanismos de defesa e ataques, criando uma nova concepção e te levando à níveis que jamais você chegaria sem ter sido incomodado. Sua criatividade está na camada mais alta da ameaça. Quem inventou o paraquedas viu alguém cair e morrer, quem subiu em um cavalo estava cansado de correr a pé, quem arriscou comer salada estava farto ou com falta de carne animal.

Suas decisões seguirão as suas crenças. Se você não se levantar daí os desafios o farão! Jesus suou sangue ao imaginar a Cruz, caiu depois sob o peso dela, mas se deu por convicto ao abrir os braços igual a ela. Ela de um lado com os braços de dor e Ele do outro com os braços de amor. Jesus abraçou literalmente seu próprio desafio, não correu dele!

NUNCA DEIXE QUE SUA EXPERIÊNCIA DEFINA SEU SUCESSO.

Deus deve ser a única voz de experiência para governar sua vida. Pessoas que se dizem experientes ficam obesas espirituais. É por isso que por toda a bíblia Deus sempre levantava jovens inexperientes. A experiência como fim de tudo torna você arrogante e prepotente.

Você antecipa coisas dizendo-se experiente. Quando Pedro voltou a pescar e deixou o ministério não apanhou os peixes que costumava apanhar com sua experiência. Ele descobriu que Deus não nos quer fazendo o que não é para fazer.

Viva a experiência de Deus, você nunca vai ser suficientemente experiente para ser usado por Deus.

Quando a IBM disse que iria lançar computadores domésticos nos lares, os "experientes" disseram que seria impossível tanta gente usar, muito complicado.

Os "experientes" erraram, você está usando um agora. Esteja aberto a aprender, você só precisa depender da experiência de Deus. Vai lá e faça com toda a sua força, sem experiência, mas com a unção de Deus.

Se perguntarmos para alguém: "você gostaria de sentir uma dor agora? ", é claro que a resposta seria NÃO! Por quê? Pelo óbvio de que ninguém quer passar por um sofrimento.

Não querendo ser fatalista, e nem mesmo defensor do masoquismo, particularmente eu já passei por algumas dores que, naquele momento era uma situação triste. Depois do vendaval vencido, descobri que, naquela dor eu tinha aprendido uma lição.

Do que seria do recém-nascido se não fosse o seu choro? E daquelas pessoas que gritam de dor soterradas nos escombros de um terremoto, na esperança quem ouçam a sua voz? Ou mesmo ainda aquela dor que levou a pessoa ao médico e através do diagnóstico deu-se tempo de evitar uma morte?

Volto a dizer, ninguém quer uma dor, muitos correm dela, outros evitam e ainda há alguns que fingem não estar sentindo. Sabe? Eu concordo com a maioria a respeito de não querer a dor, todavia, se tiver que passar por mais uma, de novo sentarei nesta escola, estudarei cada lição e cumprirei meu dever de casa. Podemos passar pelo meio do inferno, porém, não ficaremos lá! Na escola do sofrimento a maior lição é a perseverança e o diploma é a Fé! Aguente, vai passar!

COMECE AGORA A DINÂMICA DOS 8 SEGUNDOS

Comece hoje a usar a dinâmica dos 8 Segundos.

- Encare os pecados que você precisa vencer, SEJA MAIS FORTE QUE A VONTADE OU A FORÇA QUE TE LEVA, AGUENTA, e quando a inclinação bater, pare, pense, ore, resista pelo menos 8 segundos (lembra do Bob?) e você vai ver os resultados, quando você assim faz, o Espírito Santo vem para te ajudar;

- Quando você precisar passar amor e carinho às pessoas que você deseja o bem, abrace pelo menos 8 segundos, não diga nada, apenas abrace e deixe o organismo trabalhar e o Espírito Santo proceder;

- Quando você estiver diante de um desafio, como por exemplo, numa prova na faculdade, respire 8 segundos, inspire devagar e inicie o exame;

- Quando você for enfrentar uma reunião difícil ou enfrentar um grande público, procure um lugar vazio, respire bem fundo, solte lentamente o ar, fique 8 segundos em silêncio e veja o que vai acontecer;

- Diante de uma decisão, pare 8 segundos, fique em silêncio, reúna forças e parta para cima da situação e Deus vai te guiar;

- Quando você passar por um momento de raiva que exija uma reação, talvez esta vai ser a parte mais difícil, mas use os 8 Segundos antes de "estourar", evite passar vergonha, ser mal interpretado, porque explicar depois dói mais, cuide para não provocar ou cometer uma tragédia e poupe pessoas de sofrer, inclusive as que nada tem a ver com seu problema.

Passando numa rua em Dusseldorf na Alemanha vi uma frase num outdoor:

QUER MUDAR? COMECE HOJE!

Pare agora e quando fechar este livro, pense 8 segundos, pois esta será a pausa entre o você de agora e o novo você que acaba de nascer. Reescreva sua história, um novo capítulo da sua vida.

Se este livro te abençoou, indique-o para quem você acredita que se usar os 8 Segundos Deus fará novas coisas em favor desta pessoa.

Obrigado, até o próximo livro, se Deus permitir. Indique meu livro nas Redes Sociais e me escreva contando seu testemunho: elizeugomesoficial@gmail.com

Com amor,

Elizeu Gomes,

Aqui para servir além dos 8 Segundos. Tenha um dia abençoado.